AF209132

Bandi Koeck

Wie Daniel in der Löwengrube

Anthologie

Kurzweilige Geschichten
nach wahren Begebenheiten
sowie einer Prise Fiktion

Personen und Handlungen der folgenden Geschichten sind frei erfunden. Jede Ähnlichkeit mit realen Personen oder Begebenheiten ist rein zufällig.

© 2016 Bandi Koeck
Alle Rechte vorbehalten
www.bandikoeck.com

Coverbild © Richard Mayer

Layouted in Austria, Printed in Germany
Herstellung und Verlag: BoD – Books on Demand, Norderstedt.

Auflage 2016

ISBN: 9783839188446

gewidmet
N.M.B.K.
M.P.S.K.
F.H.K.K.

Inhaltsverzeichnis

Capítulo Uno: KURZweiligeGESCHICHTEN

Capítulo Dos: PURE POESIE

Capítulo Uno:
KURZweiligeGESCHICHTEN

....

He venido
A prender fuego
Al mundo,
y como querría
que ya estuviera
ardiendo!

Lk 12,49

Ich bin gekommen,
um auf der Erde
ein Feuer zu entfachen,
und ich wollte,
es stünde schon
in hellem Brand!

אש מואר היה רוצה אני, הארץ על באש להגיע לי יש

Weshalb Onur mal wieder durchgedreht ist

»Erzähl' schon, wie du dir deine Finger gebrochen hast!«, drängte ich meinen alten Freund und ehemaligen Schulkollegen Onur, welcher türkischer Herkunft ist bzw. wie man Neu-Deutsch so schön sagt, einen Migrationshintergrund hat. »Lass uns hineingehen!«, entgegnete er knapp, da die Anwesenheit seines bärtigen Vaters unmittelbar war und zeigte zur Eingangstüre der großen Wohnanlage, in der er die Wohnung unterhalb seiner Eltern bezog. Als er mit seiner linken Hand die Türe aufsperrte, da sein rechter Arm in einem schneeweißen Gips lag, fiel mir sofort das Paar rosaroter Ballerinas im Flur auf. Doch ohne nachzufragen, setzte ich mich im Wohnzimmer auf das blaue Sofa mit den gelben Punkten. Nachdem er den mir gegenüber liegenden Flachbildfernseher angemacht hatte (es lief eine uralte Sendung von Raumschiff Enterprise auf einem türkischen Satellitensender), setzte er sich mir gegenüber hin und begann seine Geschichte, da er offenbar spürte, dass ich vor Neugierde fast platzte:

»Um es kurz zu fassen, sie hat mich mal wieder auf die Palme gebracht und dann bin ich mal wieder durchgedreht!« Doch mit dieser knappen Antwort gab ich mich nicht zufrieden, da ich ein Mensch bin, der Details mag und sich Zeit für Freunde nimmt. Ich warf ihm einer dieser Blicke zu, atmete dabei tief aus und hakte dann sofort nach. »Also gut. Es war vor zwei Wochen an einem Sonntag. Ich hatte mal wieder meine Kinder bei mir und habe mit ihnen gespielt. Da hat sie zu mir gesagt: ,Deine Söhne sind viel lieber wie du!' Ich habe sie daraufhin angeschaut und gefragt, was das soll, und was für ein Problem die eifersüchtige Kuh eigentlich hätte? Sie sagte, ich solle Ilhan und Fatih nur mal anschauen. Meine Eltern waren auch da, und meine Schwester Fatima. Ich versuchte sie daraufhin einfach zu ignorieren und hab mit meinen Söhnen weiter Autos gespielt. Am Abend wollte ich meine Kinder zurück nach Zürich zu ihrer Mutter bringen und sie sagte, dass sie mit wolle. Weißt du, ich fahre immer alleine meine Kinder holen und bringen. Wenn meine neue Frau meine Ex-Frau sieht, das gibt nur Probleme. Doch sie ließ nicht locker und bestand darauf. Weißt du, sie hat mir gesagt, was ich zu tun habe, und das hasse ich.«

»Du meinst, sie hat so im Befehlston mit dir geredet, dich rumkommandiert wie einer im Barras?«, entgegnete ich. »Ja, genau. Wir begannen zu diskutieren, alles vor den Kindern, meinen Eltern und meiner großen Schwester. Sie wollte mich einfach nicht gehen lassen und stellte sich mir entgegen, als ich mit Ilhan und Fatih zur Türe ging. Ich schob sie einfach beiseite. Ich bekam wieder solch' einen dicken Hals und es kochte in mir. Im Gefecht hab ich dann meine Schwester mit dem Namen meiner Ex-Frau angeredet, und da hat sie völlig durchgedreht: ‚Seht ihr, so sehr liebt er mich, dass er den Namen von der Schlampe verwendet und mich nicht mal mitnimmt. Ständig denkt er an sie bla, bla, bla ...' Da bin ich dann durchgedreht. Eigentlich wollte ich sie schlagen, aber konnte es noch in letzter Sekunde abwehren und hab mit bloßer Faust gegen den Schrank geschlagen.«

»Wow, ist jetzt nicht nur deine Hand demoliert, sondern auch der Kasten kaputt?«, ließ mir diese Frage einfach keine Ruhe.

»Nein, der Kasten blieb ganz. Hartholz!«, antwortete Onur. Ich wollte jetzt mal seine rechte Hand im Gipsverband etwas genauer betrachten. Er streckte mir das Gebilde entgegen und erklärte, dass der kleine Finger beim zweiten Glied gerissen und beim Ballen gebrochen wäre. »Ich habe schon zwei Wochen hinter mir und noch zwei Wochen vor mir, bis er weg kommt. Und dann ist auch mein Krankenstand vorbei.«

»Und warum sieht der Gips dann immer noch so neu aus?«, drängte sich bei mir die nächste Frage auf. »Weil ich heute früh im Spital war und sie mir einen neuen draufgemacht haben. Weißt du, mir ist ständig die Hand eingeschlafen und beim kleinen Finger fing es am Abend immer zu kribbeln an. Das Gefühl kennst du sicher, als ob Ameisen da drin hoch krabbeln würden.«

»Ja, das kenne ich, wenn ich im Schlaf auf den Arm liege und mir dann dieser eingeschlafen ist.« Ich blickte kurz auf den Flimmerkasten, ließ meinen Blick über die sich daneben befindende Kraftbank, den Glastisch und den auf dem Boden stehenden PC-Monitor mit aufgesteckter Webcam streifen, und sah meinem Freund dann wieder in die Augen. Onur hatte in der Zwischenzeit eines der neonorangen Polster vor seinen behaarten

Bauch gedrückt, um seinem Kummer und stets vorhandenen Groll Ausdruck zu verleihen.

»Ich habe meine Kinder dann abgeliefert und sah meine Ex nur über den Rückspiegel, was besser so ist. Bei der Rückfahrt war meine Hand schon volle angeschwollen und der Schmerz wurde immer grösser. Nach anderthalb Stunden war ich wieder zurück in meiner Wohnung und der Streit mit ihr ging in die nächste Runde. Ich war zu wütend, um ins Krankenhaus zu gehen und ging die nächsten zwei Tage sogar noch arbeiten.« Er machte eine kurze Pause und atmete tief ein. Dabei stöhnte er wehleidig auf, bevor er weiterredete. »Sie warf mir Dinge an den Kopf, die eine frische Partnerin einfach nicht sagt. Weißt du, sie geht jetzt schon mit mir um als ... ganz zu schweigen wie es dann in 20, 30 Jahren aussieht – ach, was sag ich da, nicht mal vorzustellen, wie sie in ein, zwei Jahren mit mir umspringt.«

»Wie lange ist sie denn schon hier?«, wollte ich wissen.

»Seit etwa vier Monaten. Ich mach das ja nur meinen Eltern zu liebe. Es ist quasi eine Zwangsbeziehung.«

»Gab es eine Zwangsheirat auch schon? Darfst du schon mit ihr Sex haben?«, brannte es mir auf den Lippen.

»Also, unser Priester, der Hodscha, hat uns verheiratet. Ist nichts Schriftliches passiert«, antwortete der streng gläubige Moslem. »Also ihr seid quasi kirchlich verheiratet, aber vom Staat her nicht?«

»So kann man's auch sagen. Meine Eltern haben mich Monatelang gedrängt und sind dann ja zwei Mal in Osttürkei geflogen und haben mit mehreren Familien gesprochen und mir dann Ayscha ausgesucht. Weißt du, mein Freund, ich wollte ja nicht wieder heiraten, nachdem mir meine erste Frau, die ich geliebt habe, fremd gegangen ist und mich mit meinen Kindern verlassen hat. Ich hatte sowas von die Schnauze voll. Kannst mir echt glauben. Bis ganz oben. Der Hass steckt noch tief in mir. Mir wäre, als ob es gestern erst passiert wäre, als ich früher von der Schicht nach Hause kam und durch die halb verdunkelten Gardinen sah, wie sie mit der Webcam im MSN-Chat war mit diesem Wichser.«

»Und wie oft hast du sie gesehen, bevor ihr sie nach Österreich geholt habt?«

»Einmal. Ich war für eine Woche unten in Türkei und da haben wir uns zum ersten Mal gesehen und etwas kennen gelernt. Es waren ständig die Eltern dabei. Danach haben wir dann ein halbes Jahr telefoniert, bis ich sie rauf geholt habe. Weißt du, in Türkei war sie ganz anders. Sie war immer zuhause, wollte nie weg gehen und wenn sie mal ausgegangen ist, dann war immer ihre Mutter oder einer ihrer Brüder dabei.«

Meine Gedanken kreisten und ich machte eines meiner berüchtigten »hmm«, bevor ich Onur eine Frage um etwas Nachzudenken stellte:

»Jetzt hast du ja den Vergleich zwischen einer Türkin, die in Österreich bzw. Europa aufgewachsen und zur Schule gegangen ist und einer aus der Türkei. Gibt es da einen Unterschied für dich?«

»Aber sicher, mein Freund. Ayscha ist nur fünf Jahre zur Schule gegangen: Vier Jahre Volksschule und ein Jahr Hauptschule. Jetzt ist sie 25 und kann kaum lesen, noch schreiben. Bei mir ist es ja auch schon ein paar Jahre her, seitdem ich meine Lehre abgeschlossen habe und zur Berufsschule ging. Sie aber ist über 15 Jahre weg und kann nicht mal ein SMS schreiben oder sonst irgendetwas aufschreiben. Wenn sie den Buchstaben M sieht, dann meint sie, es wäre ein W und O und Ö kann sie auch nicht voneinander unterscheiden. Und wie du weißt, gibt es ja diesen Einbürgerungskurs, zu dem ich sie gleich nach ihrer Ankunft angemeldet habe.«

»Der bei der Arbeiterkammer?«

»Ja, genau. Der kostet mich 1.150 Euro. Und jetzt beklagt sie sich ständig, dass sie nicht mitkomme und die anderen viel besser und weiter wären. Kein Wunder, wenn die Alte nicht lesen und schreiben und nichts richtig machen kann. Hätte ich das gewusst, hätte ich sie sicher nicht angemeldet und zuerst mit ihr das Alphabet geübt. Was ist, wenn sie jetzt durchfällt und den Kurs wiederholen muss? Dann habe ich über Tausend Euro in den Sand gesetzt!«

Ich hörte in seiner Stimme, wie angespannt und wütend er über seine Situation war. Er schlug mit der anderen Hand, welche nicht im Gips war, auf den Couchtisch und sprach in gleich lautem Ton weiter: »Es ist wirklich zum Verrücktwerden. Und dauernd sagt sie ‚Schat‘ zu mir, weil sie Schatz nicht aussprechen kann. Ich hab ihr gesagt, sie kann mich Schatz nennen. Ich nenne sie ja auch Schatz, obwohl ich sie nicht liebe, aber vielleicht mag ich sie ja irgendwann. Aber ich glaube, sie liebt mich schon, weil sie will dauernd Bussi und Umarmungen und all das Zeug. Das ist zu viel für mich, weißt du. Scheiße! Auf jeden Fall hab ich gesagt, sie soll lieber das T weg lassen und mich »Schaz« nennen.« Er macht wieder eine kurze Pause und atmet tief ein, hält kurz die Luft an, verdreht dabei die Augen um wieder stimmhaft auszuatmen. »Wenn ich all das gewusst hätte, dass sie Analphabetin ist und keine Wörter richtig aussprechen kann, dann hätte ich sie sicher nicht genommen.«

»Aber sie hat doch bestimmt andere Qualitäten, oder? Kann sie gut kochen?«

»Geht so. Ich muss ständig mit ihr einkaufen gehen, da sie ja kein Wort Deutsch kann. Und sie will immer raus was machen, shoppen, in Restaurants essen und so weiter. Ich hab ihr gesagt, dass ich ihr nicht täglich was kaufen kann, so einmal in der Woche, ich muss ja auch schauen, dass meine Söhne nicht zu kurz kommen. Denen möchte ich auch regelmäßig etwas schenken. Sie ist wie meine Ex. Der hab ich auch so viele schöne Kleider gekauft. Für jede türkische Hochzeit, auf die wir gingen, ein neues. Sie hatte den ganzen verdammten Schrank voll damit. Ich bereue das so. Sie checkt einfach nichts. Hab ihr gesagt, dass wir warten müssen, bis die Wohnbauförderung gekommen ist und mein Gehalt auf dem Konto ist, aber nein, sie will alles sofort. Sie ist schon sauber. Aber ist mir doch scheißegal ob sie zweimal am Tag den Boden aufsaugt. Was nützt es mir, wenn sie mich jeden Tag mehr aufregt und wütend macht?«

Wir schauten uns kurz fragend an, wechselten die Position auf der Couch. Türkische Musik erklang. Es war sein Tarkan-Klingelton. Er war höflich und drückte den Anrufer ab, da er jetzt so richtig aufgewärmt war, um Psychohygiene mit mir als Dr. Freud zu begehen: »Mein Freund, letztes Wochenende bin ich abgehauen und nach Zürich gefahren. Hab meiner Ex eine SMS geschrieben – da ich ja nie mit der Hure telefoniere – ob ich meine Kinder für zwei Stunden sehen und was mit ihnen machen kann. Da hat sich meine Neue mir in den Weg gestellt und wollte mich einsperren. Sie hat mich so aufgeregt, dass ich sie wieder bei den Haaren zog, in eine Ecke schubste und ins Auto gestiegen bin.«

»Find ich gut, dass du deine Kinder öfters siehst. Die meisten geschiedenen Väter sehen ihre Kinder maximal alle zwei Wochen am Wochenende!«

»Ich hab sie zuvor ja auch zwei Monate nicht gesehen. Bin hingefahren, da ich nicht wollte, dass sie her kommen. Als ich dann Ilhan mit dem Gips an seinem linken Arm sah, sagte ich ‚Ilhan, mein Sohn, was ist dir passiert?‘«

»Wolltest du das nicht von seiner Mutter wissen?«

»Nein, das hätte dann wieder zwanzig SMS gegeben und ich will so wenig wie möglich von ihr auf mein Handy haben und sie so wenig wie geht in meinen Gedanken. Er sagte, er wäre von der Schaukel gefallen. War ganz witzig, als wir zum Spielplatz gingen. Die Leute haben uns angeschaut und gelacht, da wir beide einen Gipsverband hatten.«

»Ja, das stelle ich mir auch lustig vor, Vater und Sohn, beide mit Gips, Hand in Hand mit der unvergipsten Hand auf dem Spielplatz!« entlockte mir diese Vorstellung ein breites Grinsen.

»Und weißt du das Beste?« fuhr er fort, sich beinahe in der Stimme überschlagend vor Aufregung.

»Sie zwingt mich ständig zu Sex. Wenn ich von einer anstrengenden Frühschicht nach Hause komme, will sie ficken. Am Wochenende jeden Tag ein paar Mal. Und weißt du warum?«

»Sag’s mir!« antwortete ich blitzartig.

»Weil sie schwanger werden will. Die Schlampe will mir ein Kind anhängen!«

»Aber du liebst doch Kinder, oder täusche ich mich da etwa in dir?« schoss es aus mir, Onur einen kritischen Blick zuwerfend.

»Natürlich. Aber ich will nichts überstürzen. Das hab ich ihr auch gesagt. Aber sie will davon nichts wissen. Die türkischen Nachbarn stacheln sie auch ständig auf. Sie setzen ihr Flöhe ins Ohr, dass sie mir ein Kind anhängen soll, dann kann sie in Österreich bleiben und bekommt viel finanzielle Unterstützung vom Staat.«

»Ja, Kinderbeihilfe zum Beispiel. Wie lange kann sie denn hier bleiben? Wie lange dauert ihr Visum?«

»Ich hab ihr eines für ein ganzes Jahr geholt« entgegnete Onur. »Aber die Alte geht mir sowas von auf den Keks. Wir streiten uns einfach täglich.«

Ich fragte mich, wie sie wohl aussähe und fragte Onur, wo seine neue Angetraute denn sei.

»Sie ist mit meiner Mutter zum Einkaufen.«

Schade, dachte ich mir. Aber womöglich würde ich eh nicht viel sehen, da ja seine Ex mit buntem Kopftuch und langem, weiten Rock immer verschleiert war, wenn ich ihnen begegnet war. Bei seiner neuen Braut würde es wohl kaum anders sein. Ich runzelte meine Stirn und setzte dann zu einer weiteren Frage an: »Wie stehen denn deine Eltern zu deiner Situation?«

»Die beiden sind schon alt. Sie jammern ja immer, was ich als ihr Sohn ihnen für großen Kummer bereiten würde und dass ich schauen soll, dass wir miteinander klar kommen bla, bla, bla! Ich bin wie immer viel zu gutmütig mit den Frauen und habe das nur für meine Eltern gemacht.«

Es gingen mir jetzt immer mehr Fragen durch den Kopf. Wie etwa, ob seine Eltern nun glücklicher waren, mit einem unglücklichen Sohn, aber Hauptsache mit einer gebärfreudigen Gattin an seiner Seite. Ob Onur nicht glücklicher mit einer Europäerin wäre oder einfach als Single. Er unterbrach meine Gedanken mit seiner resoluten Art, die der eines Ringsprechers beim Boxkampf ähnelte:

»Heute hat das Luder beispielsweise wieder sicher drei Mal zu mir gesagt, dass sie die Regel nicht bekommen würde und sicher schwanger wäre von mir. Ich hab sie dann angeschrien und wir haben uns wieder gestritten und sie sagte, sie hoffe, sie würde mir einen Sohn gebären – aber tot. Und wenn er nicht bei der Geburt sterben würde, dann würde sie ihn mit einem Kissen ersticken!«

»Oh mein Gott!« entwich es mir.

»Diese Schlampe. Sie soll nicht glauben, dass sie, wenn sie von mir schwanger ist, mich sicher hat. Ich werde sie dann das Kind zur Welt bringen lassen und dann abschieben. Und das Baby bleibt dann bei mir in Österreich!«

»Ich glaube nicht, dass du sie so einfach los wirst, Onur!«

»Oh doch. Hab mir da schon was einfallen lassen. Ich sage einfach zu ihr, dass wir in Türkei auf Urlaub gehen und fliege mit ihr runter. Und wenn wir dort sind, dann bringe ich sie zu ihren Eltern und sage, dass ich sie nicht mehr will und dann nehme ich ihren Pass weg mit dem Visa drin und VERBRENN' IHN!«

In just dem Moment läutete es an der Türe. Wir standen gemeinsam auf, da ich ohnehin wieder gehen musste. Zu meinem Erstaunen war es nicht Ayscha, sondern sein Versicherungsvertreter.

Sie putzt sogar die Wohnzimmerwände

‚Wer hat mir da eben aufgeblinkt?‘ fragte ich mich, als ich mich gedankenschwanger laut Radio hörend auf dem Nachhauseweg befand. Im Rückspiegel sah ich, wie der kleine grüne Skoda mit den roten Streifen auf dem Heck und den unzähligen Rostflecken schnurstracks schräg den Gehsteig hoch fuhr und stehen blieb. Unvermittelt presste ich auch den Bremsklotz und blieb ebenfalls am Straßenrand stehen. Ich tätigte den Blinker und stieg aus.

»Onur! Du bist es. Ich dachte schon …« begrüßte ich meinen alten Schulkameraden per Handschlag.»Hast du es eilig?«, fragte er mich sogleich.»Nein, eigentlich nicht!«, entgegnete ich.

»Na, dann komm doch zu mir auf einen Raki. Tamam?«

Das letzte Mal als ich von Onur gehört hatte war, als er mir per SMS freudvoll mitteilte, dass sie ihre Tage bekommen hätte und doch nicht schwanger sei. Das war vor ungefähr zehn Tagen.

Zurück in seiner typisch türkischen Wohnung (weshalb ich sie als türkisch deklariere ist eigentlich ganz einfach: Es stehen ganz viele Schuhe vor der Türe, so wie vor einer Moschee. Er hat Vorhänge mit vielen Mustern und Storen. Glasvitrinen mit Bildern seiner Anne und seinen Schwestern mit Kopftuch in grotesken Rahmen. Ein knallbuntes Sofa mit einem Messingtisch davor. Der übergroße Fernseher mit VHS- und DVD-Rekorder sowie Spielkonsole. An den Wänden hängen Bilder mit Motiven der Kaaba in Mekka, der Sultan-Ahmed-Moschee in Istanbul und selbst die Uhr hat ein Zifferblatt mit arabischen Zeichen und den islamischen Gebetszeiten per Weckruf. Nicht zu vergessen die Kraftbank, die platzbedingt auch im Wohnzimmer aufgestellt ist) setzten wir uns auf die Sofas. »Also, hast du dieses Wochenende keine Kinder bei dir?« fragte ich ihn sogleich. »Nein, erst das nächste, aber auch nur vielleicht!« – »Was machst du denn dieses Wochenende?« – »Nachher kommt ein Kollege vorbei und wir werden etwas an meinem Autochen rumtunen!«

Er verschwand kurz in die Küche, die durch einen türkisen Lamellenvorhang vom Wohnzimmer getrennt war, um die Rakis »on the rocks« zu machen. Ich verschwand ins Badezimmer um zu pinkeln. Dort fielen mir die typischen Mömax-Teppiche auf, die mit dutzender Schmutzwäsche beladene Waschmaschine, deren Tür offen stand, der Rasierapparat auf dem Waschbecken sowie eine Zahnbürste mit einem Päckchen Backpulver daneben.

»Onur, was machst du mit dem Backpulver im Bad?« fragte ich sogleich, als wir uns wieder im Wohnzimmer begegneten. »Was für eine blöde Frage. Das verwende ich natürlich zum Zähne putzen, was denkst du? Das ist ganz gut, da bekommst du weiße Zähne!« »Tja, bei der Menge was er Cai-Tee trinkt, ist das nicht mal so eine schlechte Idee«, dachte ich mir. Bei mir gibt es Backpulver höchstens im Küchenschrank zu finden.

»Serife!« stießen wir auf Türkçe an und nahmen beide einen ordentlichen Schluck von dem Aniszeugs. Erst jetzt fiel mir auf, dass er keinen Gipsverband mehr an seiner Hand trug. »He, du bist ihn los!«, schoss es aus mir. »Ja, endlich. Aber schau, wie geschwollen meine Finger noch sind!« Es war unübersehbar.

»Also, wo ist deine Ayscha?«, fragte ich meinen ehemaligen Schulkollegen nach seiner zweiten Frau. »Oben, bei meinen Eltern. Weißt du, ich halte sie nicht mehr aus. Erst vorhin hat es mir wieder den Schützer raus gehauen wegen ihr!«

»Was war denn wieder?«, wollte ich wissen.

»Also, wo soll ich anfangen zu erzählen. Es gibt so viel. Zum Beispiel wenn wir so wie jetzt da sitzen und Fernsehschauen. Es kommt ein spannender Film und da beginnt sie auf einmal mit mir zu reden. Aber nicht über etwas wichtiges, sondern darüber, ob ich den Müll rausbringen kann oder die Heizung reparieren oder dass wir morgen einkaufen gehen könnten. Ich sag dann, ,Schatz, ich schaue den spannenden Film an. Warte wenigstens, bis Werbung kommt, wenn du mit mir reden willst!' Dann sagt sie gleich ,Mit dir kann man ja nicht reden. Du gehst mich volle an!' Und dann endet alles in Streit. Sie hat einfach nichts im Schädel, diese Frau. Sie ist mit Abstand das Dümmste, was mir je begegnet ist. Auch wenn sie von ihrem Deutsch-Kurs zurückkommt, erzählt sie mir nicht, was sie gelernt hat, sondern nur wieder, dass wir in dieses und jenes Möbelhaus gehen könnten, um noch dies und jenes zu kaufen.«

»Aber, du kennst sie jetzt doch schon länger, nicht?« wollte ich wissen. »Ja, ungefähr vor einem Jahr haben sie meine Eltern mir in Türkei vorgestellt. Da dachte ich mir, dass sie ganz okay ist, da hat sie auch noch nicht so viel geredet wie jetzt. Seit sie hier ist, ist sie ganz anders und sie meint, ich hätte einen Geldscheißer und dass es Geld in Österreich vom Himmel regnen würde.«

»Wie meinst du das?« hakte ich nach.

»Sie will immer nur shoppen gehen. Du weißt ja, dass ich noch die ganze nächste Woche im Krankenstand bin und dann Physiotherapie habe. Im Moment haben wir es finanziell sehr knapp. Seit sie hier ist, habe ich ihr Gewand gekauft, drei Röcke und vier Hemden. Sie will aber immer mehr. Neue Teppiche fürs Wohnzimmer haben wir auch bestellt.« Ich betrachtete die vier kleinen, fast aneinander liegenden schlumpfblauen Teppiche mit den weißen Punkten drauf. »Seid ihr ins renommierte Möbelhaus gegangen?« wollte ich wissen.

»Nein, wir haben alles in einem türkischen Geschäft in Lustenau bestellt ... Komm mal mit!«, wies mich Onur an aufzustehen und ihm zu folgen.

Er öffnete die Schlafzimmertüre. Ich staunte nicht schlecht, als ich darin nicht mehr sein altes Ehebett und das Stockbett für seine beiden Söhne vorfand wie beim letzten Mal. Stattdessen stand da mittig platziert ein neues, großes – wie die Amerikaner sagen würden – »King Size Bett« mit typisch türkischer Aufmache, sprich mit weißem Tüll und glänzenden Seidenrosen drauf. Ich erinnerte mich, als ich Bettzeug in der Art zum ersten Mal in Istanbul und dann in Izmir gesehen hatte. Die meisten dort waren auch weiß beziehungsweise pink. Dort, wo Wochen zuvor noch alles mit Kinderspielsachen vollgestopft war, stand jetzt ein breiter Kleiderschrank mit Spiegeln.

»Stell dir vor«, fuhr Onur fort, und dabei überschlug sich seine Stimme vor angestauter Wut beinahe, »ich habe zwei Schlafzimmer ausgesucht, die ich mir mit meinem Budget leisten kann, und ließ sie dann aussuchen. Sie wollte zuerst das eine, dann das andere und dann sagte sie folgendes zu mir: ,Schat – weil sie ja Schatz noch immer nicht aussprechen kann, die doofe Kuh – wir könnten doch unsere Verlobungs- und Eheringe verkaufen und uns dann was Besseres leisten!«

»Wow, nicht schlecht!« schoss es aus mir raus.

»Das ist wohl die Höhe. Diese verdammte Dreckschlampe. Sie meinte noch, dass wir uns dann ja mal andere, neue Ringe kaufen könnten!« Er holte tief Luft und fuhr dann fort, wobei seine Augen funkelten: »Zu mir sagt sie ständig, ich würde sie nicht lieben. Und sie sagt so eine Scheiße zu mir!«

»Liebst du sie denn?« wollte ich wissen.

»Natürlich nicht. Das sag ich auch ganz offen und ehrlich. Aber ich mag sie beziehungsweise ich mochte sie, als wir noch in Türkei waren.«

Ich sah mich etwas im Schlafzimmer um. Auf einem der beiden Nachttischchen stand ein Foto von ihr. Sie war in ein knallrotes Kopftuch gehüllt und man erkannte nur ihre Gesichtsform, die recht rund war. Ich sprach ihn darauf aber nicht an. »Wo schlafen jetzt deine Kinder, jetzt wo die Stockbetten nicht mehr da sind?« wollte ich wissen.

»Natürlich bei mir. Ich musste die Stockbetten raus tun. Wenn meine Kinder bei mir sind, schlafen sie hier bei mir und sie schläft draußen auf der Couch. Sie muss sich gar nicht beklagen, denn in Türkei hatte sie auch nichts anderes als eine Couch. Klar, wäre besser man könnte sie ausziehen, die Couch, aber ich hab das Geld dafür nicht. Die fette Kuh wird schon nicht runter fallen. Da mein Antrag auf Wohnbeihilfe schon wieder abgelehnt wurde, muss ich wohl oder übel in der Zweizimmerwohnung bleiben. Etwas anderes kann ich mir einfach nicht leisten. Die von der Behörde sagen, dass eine Zweizimmerwohnung für zwei Personen ausreichend ist!«

Wir gingen wieder ins Wohnzimmer und setzten uns, um am Anisschnaps weiter zu trinken. »Sauber habt ihrs hier aber!« entfiel es mir. »Ja, die ist ja immer am Putzen. Schau, wie klein die Wohnung ist. Sie putzt die ganze Zeit. Wir können ja nie was gemeinsam unternehmen. Ich schau dann halt fern oder geh ins Internet.« Der Bildschirm mit der aufgeschraubten Webkamera stand noch wie Wochen zuvor neben dem Tisch am Boden. Ich schaute mich um. Die Böden sahen gewischt aus, die Glasvitrinen glänzten. ‚Nicht schlecht!', dachte ich mir.

»Hör mal, mein Freund«, fuhr Onur fort und sah mir tief in die Augen, »Kennst du irgend jemanden, der die Wohnzimmerwände

putzt? Sie putzt sogar die Wände – sowas hab ich noch nie erlebt!«
Jetzt konnte ich mein Lachen nicht mehr zurück halten. Er
grinste nur und zog sein Mobiltelefon aus der Jeans mit den
Halbmondbestickten Taschen drauf. »Hallo Stefan, ja, ich komme
runter und dann können wir den Spoiler lackieren, bevor es
anfängt zu regnen!«

Solange, bis er nichts mehr fühlte

Da ich schon über Monate nichts mehr von meinem ehe-
maligen Schulkameraden mit Migrationshintergrund (ich liebe
dieses bekloppte Wort!) gehört hatte, wählte ich kurzerhand und
natürlich während ich den letzten Bissen eines lecker-flaumigen
Schweizer Croissant mit der linken in mich hineingestopft hatte,
und somit diese Hand wieder zum Auto lenken benutzen konnte,
Onurs Nummer. Während es klingelte, lief Tarkan mit »Simarik«
– war ja auch nicht anders zu erwarten. »Hallo?« – »Onur?« – »Ja.
Hallo mein Freund. Wie geht es dir?« – »Gut, und dir?« – »Geht so.
Was machst du gerade?« – »Ich dachte mir, wir könnten uns beim
Ali Yusuf auf einen Döner oder Dürüm oder was auch immer
treffen?«, entgegnete ich. »Gute Idee. Bis wann kannst du dort
sein?«, fragte mich mein türkischstämmiger Veteran und Lei-
densgenosse. »Sagen wir in 15 Minuten?« sagte ich etwas zögernd
und auf meine mit einer neuen Batterie bestückten Uhr blickend.
»Tamam. Einverstanden.«

Aus den 15 wurden 25 Minuten, da mir mal wieder irgendwel-
che Schlaumeier die nahegelegenen Parkplätze vor der Nase weg
schnappten und ich dann die Nase voll hatte und meinen Wagen
in die sündhaft teure Tiefgarage stecken musste. Onur war schon
drinnen, als ich mich der Dönerbude mit Sitzgelegenheit näherte.
Die türkischen Speisen waren schon von Weitem riechbar. Ich sah
durch die Glasscheibe, wie er heiter mit dem Besitzer des Lokals
palaverte. »Halloooo mein Freund« warf er mir seine übliche
herzliche Begrüßung beim Betreten entgegen. Wir setzten uns
sogleich an den hintersten Tisch. Samet, der Kellner und Döner-
spießschäler, folgte uns. Als ich ihn fragte, was genau im Iskender
drinnen wäre, verschwand er für eine Minute und kam mit der
Speisekarte wieder und meinte, dass diese es besser erklären

könne als er. Sie hatten auch Lahmacun. Den hatte ich seit Jahren nicht mehr, seitdem ich mir dadurch mal einen bösen Durchfall zugezogen hatte und mir schon schlecht wurde, wenn ich die mit Hackfleisch beklebte Flade von weitem sah. Wir orderten zwei Dürüm mit allem und viel scharf und dann legte mein Freund auch schon mit seinen neuesten Erzählungen los:

»Weißt du, mein Freund, morgen sind es genau acht Wochen, wo ich meine Kinder zum letzten Mal gesehen habe.« Ich verzog entgeistert das Gesicht und fragte ihn kopfschüttelnd nach einem »Warum?« Er: »Weil ich mich nicht verarschen lasse. Ich bin kein Spielball von meiner Ex. Sie ist mir sowas auf die Nerven gegangen, dass ich seit Wochen nur mehr mit ihrer Schwester SMS schreibe und jedes Mal, wenn ich die Kinder holen will, haben sie schon was vor oder sind krank. Und letztes Wochenende hat sie zuerst gesagt, ich könne sie um 16 Uhr holen und dann am nächsten Tag hieß es um 19 Uhr. Kurz bevor ich los fahren wollte schrieb sie, dass sie auf so eine Scheiß Halloween-Party gehen würden, aber ich könne sie nächstes Wochenende haben. Ich hab dann geschrieben, dass sie mich mal können und dass ich da arbeiten müsse.«

Die beiden Dürüms wurden auf Tellern geliefert und es lugten ganze Zwiebelringe hervor. Onur legte seinen gleich zur Seite und fuhr fort. Ich merkte ihm regelrecht an, wie sein Gemüt bei dem leidigen Thema wieder erhitzt wurde. Derweil er sprach, nahm ich einen großen Bissen, da ich einen Mordshunger hatte. Die Ravioli aus der Dose, die ich mir am Mittag in der Mikrowelle erwärmt hatte, hätte nicht mal ein Hund gefressen.

»Und meine zweite Frau bin ich auch los geworden!«, sagte er irgendwie stolz, irgendwie traurig.

Ich schluckte. »Wie? Wann? Wo?« fragte ich.

Das ist eine lange Geschichte. Besser wir reden nicht darüber und wechseln das Thema. »Nein!«, beharrte ich. Meine Neugierde wuchs mit jedem Wortfetzen, den er in meine Richtung schleuderte. Er sippte an seiner Cola Turka und sagte dann: »Also mit dem einen Besuch in Türkei mit eingerechnet waren wir neun Monate zusammen.« Ich musste dabei willkürlich an die Dauer einer Schwangerschaft denken. »Vor etwa fünf Wochen habe ich hinter ihrem Rücken zwei Flugtickets in Türkei gekauft.

Hab ihr natürlich nichts gesagt, aber dann kurz davor sagte ich: ,Schatz, wir fliegen zusammen in Türkei!' Da fiel sie mir sofort um den Hals und seit langem hörte der Streit auf. Sie freute sich schon richtig darauf!« Jetzt nahm er auch einen Bissen, doch halb gekaut fuhr mein austro-türkischer Freund fort: »Kurz bevor wir geflogen sind, habe ich einen Verwandten meinerseits in Türkei angerufen und ihn um einen Gefallen gebeten.« Ich wollte natürlich wissen, um was es sich dabei handelte. »Also, er wurde von mir beauftragt, einen wie heißt das nochmal, jemand der dir hilft bei Scheidung?« – »Anwalt« entgegnete ich. »Richtig, einen Anwalt suchen, der dann alles regelt und ich dann einfach ihre Unterschrift irgendwie bekommen muss. Ich hatte da schon einen prima Plan mir zurecht gelegt. Sie kann ja kaum lesen und schreiben und Deutsch hat sie ja auch nie gelernt. Das Geld vom Kurs, das ich dafür bezahlt habe, reut mich immer noch.« Er fluchte auf türkisch ein »siktalan« und nahm einen weiteren Schluck aus seiner halbleeren Cola. Das Dönerlokal, in dem das Rauchverbot noch keine Anwendung gefunden hatte, füllte sich allmählich mit neuen Dönerkunden. Am Tisch gegenüber von uns diskutierten zwei dunkelhaarige Mädchen auf halb Türkisch – halb Deutsch über die Neonazi-Dönermorde, die sich unlängst in Deutschland ereignet hatten. Onur rülpste und sagte dann: »Aber dieses verdammte Schwein von einem Verwandten hat dann gleich die Mutter meiner zweiten Frau in Türkei angerufen und diese hat dann sie angerufen und als ich nach Hause kam, da hat sie mir dann gleich die Hölle heiß gemacht. Sie wollte dann natürlich nicht fliegen und sagte, sie würde sich sicher nicht scheiden lassen. Das war zwei Tage vor dem Abflug. Ich bin dann mal wieder völlig durchgedreht und habe sie angeschrien und auch deftig geschlagen. Ich hab gesagt, sie wird übermorgen in dem Flieger sitzen – tot oder lebendig. Und wenn sie ihren fetten Arsch nicht da rein bekommt, dann würde ich sie ohnehin umbringen.« Mir wär bei diesen Worten fast der Appetit vergangen, aber er wurde jetzt immer lauter, was mir etwas peinlich war, da das eine oder andere Ohr an den Nachbarstischen bestimmt mitgehört hatte. Meine Dürümrolle war schon zur Hälfte aufgegessen, wobei Onurs erst um zwei Bissen verkleinert worden war.

»Also sind wir in Türkei angekommen und gleich zu ihren Eltern heimgegangen. Sie hat ja zum Glück keinen Vater mehr. Der ist schon Jahre tot. Ihre Anne wie auch sie haben sehr geweint. Ganz viel, die ganze Zeit. Und ihre Mutter wollte immer mit mir reden und sagen, dass ich ihr doch noch eine zweite Chance geben soll und ihre Tochter dumm sei. Ich sagte, ›Ja, sie ist dumm!‹ Und sie sagte dann, dass sie viele Fehler machen würde! Ich sagte darauf, dass mein Sohn mit sechs Jahren Fehler machen darf, aber nicht sie mit 25 Jahren. Weißt du, als ich krank war, hat sie mir damals nicht mal eine Tasse Cay gemacht sondern nur wieder mit ihrer Eifersuchtsszene rumgezickt und mir diese typische Scheiße von wegen, dass ich meiner ersten Frau mehr Kleider gekauft hätte und so weiter an den Kopf geworfen hat. Auf jeden Fall hab ich ihr dann diese kleine Karte – das Visa von hier – weggenommen und bin zurückgeflogen. Ich wollte sicher gehen, dass sie nicht irgendwann nachkommt. Leider habe ich es verpasst, mich unten scheiden zu lassen. Hab zuvor noch meinem Verwandten, diesem Hurensohn, alles Schlechte gewünscht und er hat abgestritten, dass ihre Mutter es von ihm wisse. Von wem soll sie es denn sonst her haben? Außer ihm hab ich es doch niemandem gesagt, nicht mal meinen Eltern. Ich bin doch nicht dumm, mein Freund.« Onur war in wutentbrannter Ekstase und wirkte zu allem fähig – etwa dazu, seine Dürümrolle in Tausend kleine Stücke zu reißen oder die Möbel in der Dönerbude mitsamt allen Gästen. Samet nahm die Bestellungen vom Nebentisch auf und bemerkte, dass ich meinen Happen bereits verputzt hatte. Er nahm mir sogleich den Teller weg.

Onur sah mich mit strengen Augen an und sagte: »Nach ein paar Tagen hat sie mir SMS geschrieben und mich als Zuhälter und Wichser beschimpft und danach hat sie angerufen und geweint und sich entschuldigt und mich gebeten, ich soll uns eine Chance geben.« Er war jetzt noch mehr außer sich und steigerte sich da voll hinein. Es schien, als wäre das ganze gestern passiert. Mit seiner rechten Faust schlug er auf die Tischdecke des Holztisches. »Ich hab dann aufgelegt und mich hier informiert und bin drauf gekommen, dass es viel einfacher gegangen wäre als in Türkei und ich alles hinter ihrem Rücken machen hätte können. Ich bin so verdammt blöd!« Mein türkischer Freund, den ich seit der Schulzeit kannte, setzte zu einem weiteren Bissen an. Der Dürüm war bestimmt schon kalt. Ich versuchte Onur zu beruhigen und sagte: »Mach dir keinen Kopf. Im Nachhinein wissen wir alles besser!« Er darauf: »Aber mir scheint, dass ich nicht aus meinen Fehlern lerne. Wie heißt das, wenn man jemandem die Unterschrift gibt, dass er dann alles machen kann?« »Eine Vollmacht geben«, antwortete ich dem nun sehr aufgewühlten Onur, der mit seinem lauten Organ das ganze Lokal über sein Privatleben auf dem Laufenden hielt. »Ja, genau. Also ich hätte ihr einfach diesen Zettel zum Unterschreiben geben können, sie hätte ja ohnehin kein Wort, was da drauf steht, verstanden und ich wäre dann mit ihr zum Gericht gegangen und dann hätte der Richter gesagt, ich solle meiner Frau übersetzen, dass ich mich von ihr scheiden lassen wolle und ich hätte ihr dann einfach was ganz anderes von Wohnungsbeihilfeansuchen übersetzt und so. Mann, wär das einfach gewesen, aber das wusste ich erst, als ich sie schon in Türkei ausgesetzt hatte. Und jetzt sind wir noch verheiratet. Verdammte Scheiße. Ich hoffe, ich muss für die Schlampe nichts zahlen und dass sie sich in ein, zwei Monaten oder in einem halben Jahr denkt, ‚der Onur lässt auch nichts mehr hören, dann werde ICH mich jetzt von ihm scheiden lassen!‘«

Ich hatte alle Mühe, mir ein Grinsen zu verkneifen. Mein alter Freund hatte wirklich eine Gabe, sich stets in verzwickten Lagen wiederzufinden. Mit meinen folgenden Worten versuchte ich ihn auf andere Gedanken zu bringen. Sah ich etwa den Ansatz einer Träne in seinen dunklen Augen? »Und? Hast du keine anderen Frauen kennen gelernt?« Er kaute mit halb offenem Mund und murmelte: »Doch, schon. Aber eigentlich habe ich bis hier oben die Schnauze voll von den Weibern. Im Facebook gibt es eine alte Schulkollegin aus der Hauptschulzeit. Wir schreiben ab und zu hin und her. Und als ich ihr schrieb, dass ich mich scheiden ließe, hat sie andere Wörter verwendet. Sie ist Türkin, frisch geschieden und hat auch zwei Kinder wie ich. Klar, wär eine Jungfrau viel besser, aber wie findet ein Kerl wie ich so eine in der heutigen Zeit? Weißt du, ich hab Mega Respekt vor meinen Eltern. Die sind schon über 30 Jahre verheiratet und streiten auch viel, aber egal was für Scheiße sie grad durchmachen, sie halten zusammen und geben nicht auf. Ich mach mir mit Weibern keinen Stress mehr.

In der Arbeit gibt es da noch so eine Brasilianerin, mit der ich die nächsten zwei Wochen zusammen Schicht habe. Wenn ich abends nach Hause komme, dann ist es jetzt so still ohne Aysche. Aber ich bräuchte eh nur eine zum Kuscheln. Aber das geht schnell, weißt du. Und Sex kann ich mir auch im Puff holen, ist zwar nicht das selbe, aber ich kann mich da wenigstens befriedigen und hab dann meine Ruhe. Mich stört da nur, dass die immer sagen, ich soll schneller machen, weil schon der nächste Kunde warten würde. Für jemanden in meiner Situation ist es wichtig, dass er einfach jeden Tag lebt. Ich habe nämlich aufgehört, mir irgendwelche Ziele im Leben zu stecken. Ich spare auf nichts mehr. Ich rechne mir aus, was ich mir leisten kann und wenn es sich ausgeht, dann kauf ich es mir oder mach es – und wenn nicht, dann halt nicht!«

Ich war regelrecht verblüfft von Onurs Seelenstriptease in aller Öffentlichkeit. Meine Augen brannten, weil ich den Passivrauch nicht mehr gewohnt war. ‚Halt typisch Österreich, dass es in öffentlichen Einrichtungen wie Restaurants und Gasthäusern noch immer kein Rauchverbot gab, immer auf Wischi-Waschi-Lösung machen, selbst wenn Rauchernationen wie Spanien, Italien und Griechenland ein Nichtrauchergesetz eisern durchziehen, zieht Österreich wieder mal den Schwanz ein‘ dachte ich mir beiläufig.

Endlich war Onur mit seinem Langzeitdürüm fertig und wir bezahlten. Ich bezahlte, weil er seine Geldtasche in seiner Jacke hatte und sich nicht mehr erinnern konnte, ob diese nun im Auto lag oder noch zuhause am Haken hing. Egal. War ein ganz unterhaltsamer Abend, eine spannendere Geschichte als der Schrott, der im Fernsehen kam, mit deutschen Supertalenten, die meinten, ihre schwingenden Schwabbelbäuche hätten was mit Talent zu tun und einem Großmaul namens Dieter Bohlen, der dies zu beurteilen wusste und überall seinen großkotzigen Senf dazugeben musste.

Wir liefen zusammen zu unseren Autos. Nach kurzem Fußmarsch kamen wir bei Onurs »Autochen« an. Ich staunte nicht schlecht, als ich es sah. So viele Beulen und Schrammen hatte ich zu meinem Lebtag noch nie auf einmal gesehen. »Was hast du denn mit deiner Karre gemacht? Durften es deine Kinder etwa als

Hüpfburg verwenden?«Onur schaute mich zuerst etwas stutzig an und sagte dann mit einem spitzbübischen Grinsen auf seinen Lippen: »Du wirst es kaum glauben, aber ich habe in diesem Jahr sage und schreibe fünf Unfälle gehabt. Und das Beste daran ist: Ich habe keinen selbst verschuldet. Unglaublich, aber wahr, mir sind stets Frauen rein gefahren. Mein Versicherungsvertreter denkt schon, dass ich Versicherungsbetrug mache, aber als ich gestern zum Beispiel beim Zebrastreifen anhielt, um ein älteres Ehepaar rüber zu lassen, ist mir von hinten eine Blondine rein gerammt. Sie meinte dann, als ich nichts sagte, und mit meinem Handy Fotos machte, dass sie mit ihrem Kopf woanders gewesen sei. Und heute Vormittag war ich beim Einkaufen und da ist eine andere Tussi an der Kreuzung gestanden. Ich habe gebremst, damit sie fahren kann, aber sie blieb stehen. Da dachte ich, dass sie mich passieren lässt und bin gefahren und in genau dem Augenblick gab sie Gas. So geht das die ganze Zeit. Ich dreh noch durch, mein Freund. Es sind Frauen, die mir das Leben zur Hölle machen. Frauen, die mich täglich verfolgen und rammen!«

Mit einem typisch türkischen Cak verabschiedeten wir uns und vereinbarten, dass er mich das nächste Mal in seinem neuen, gebrauchten Audi TT abholen komme, da Onur nun genügend Kohle von der Versicherung abgestaubt hatte und sich so einen Schlitten leisten konnte und dass wir dann zum Italiener Pizza essen gehen würden.

Busfahrersex macht echt kein Bild

»Die beste Zeit meines Lebens waren die neun Monate, welche ich im Bauch meiner Mutter zubringen durfte«, waren ihre letzten Gedanken, bevor sie aus dem Fenster sprang. Der Suizidversuch, welcher der bereits fünfte in der Kalenderwoche 41 gewesen war, scheiterte. Dass man Stürze aus dem zweiten Stock eines Wohnhauses mit großer Gewissheit überlebt, hätte ihr vor dem Versuch bereits klar sein müssen. Menschen, die ihrem Dasein wirklich ein Ende bereiten möchten, springen aus anderen Höhen oder gehen einfach effizienter vor. Nicht sie! Nina war 28 Jahre und hatte einen großen Fehler begangen. Es war eigentlich nur eine Frage der Zeit, bis ihr Netz aus Lügen und Intrigen und Ammenmärchen reißen würde. Was hatte sie bloß getan? Was hatte sie sich bloß dabei gedacht? Wohl nichts.

Sie wollte den charmanten Busfahrer, mit dem sie seit Kurzem immer mitfuhr, da er diese Linie zum ersten Mal bediente, einfach nur rumkriegen. Sie wollte, dass er sich genauso in sie verliebt, denn sie war Hals-über-Kopf in den blonden 30-jährigen mit den stechend grünen Augen und den süßen Koteletten verschossen. Immer wieder sagte sie ihm, dass man Lieben lernen könne. Nachdem sie zum dritten Mal bei ihm eingestiegen war – es war immer früh morgens – und bei ihm den Fahrschein löste, sprach er sie an, ob sie nicht mit ihm am Abend nach Dienstschluss einen Cocktail trinken gehen wolle? Ohne zu zögern nahm sie das verlockende Angebot an.

Und obwohl sie die Gerüchte um Tom kannte, dass er ein richtiger Schürzenjäger sei und ständig seine weiblichen Fahrgäste anmachte und mit ihnen ins Bett stieg, wollte sie das nicht ganz glauben. Die Leute erzählen allerhand über ihn, etwa, dass er seine Liebschaften mehrmals wöchentlich wechsle und ständig bei einer anderen übernachten würde. Sie wusste schließlich, wie die Weiberwelt tickte: Neid, Eifersucht, Intrigen waren ihre Attribute. Wenn jemand so ein unschuldiges Lächeln hatte wie Tom, dann konnte doch nichts Schlechtes in ihm stecken.

So zog sie ihre kürzesten Hot Pants an, dazu die braunen Lackstiefel und ein bauchfreies Top. Ihre Haare flechtete sie zu zwei Pippi-Langstrumpf-Zöpfen, denn sie wollte unschuldig wirken wie ein streberhaftes Schulmädchen. Zehn Minuten vor dem vereinbarten Termin wartete sie schon gespannt und voller Herzklopfen an der Ecke, wo er immer seinen gelben Bus parkierte.

Als sie gemeinsam in die Bar liefen, kniff er sie bereits in den Po und zwinkerte ihr lausbubenhaft zu. Ihr gefiel seine lockere Art und auf seine Schmeichelsprüche fuhr sie volle ab. Als kleine Aufmerksamkeit hatte Tom ihr eine kleine Plastikrose mitgebracht. Als er ihr sie reichte und dabei tief in ihre braunen Augen blickte, kamen ihm die Worte »so-lange-wie-es-diese-Rose-gibt,-sollst-du-an-mich-denken« über die Lippen. Sie war hin und weg.

Und nach dem dritten Glas Schampus erzählte sie ihm alles, die ganze Wahrheit. Dass sie als achtjährige von ihrem Bruder gemeinsam mit seinem Kollegen vergewaltigt wurde. Dass ihr Vater gestorben ist und sie jeden Abend vor dem Schlafengehen eine Kerze für ihn anzündet und zu ihm spricht. Dass sie von einem Polen einen fünfjährigen Sohn hat und dass er, ihr Ex-Freund, sie immer geschlagen und misshandelt und bis zur Weißglut provozierte. Dass sie ihn mit einem Messer zuerst nur bedroht und dann lebensgefährlich verletzt hat. Dass man ihr ihr Kind, ihren Engel, ihr Ein-und-Alles weggenommen hat. Dass sie anschließend für ein halbes Jahr in der Psychiatrie in Berlin war. Auch, dass sie danach in Hamburg Jahre lang als Prostituierte gearbeitet hatte und dass sie darum mehrere Handys und Rolex-Uhren besaß. Dass Katharina die Große sich von Pferden vögeln ließ und dass sie das nicht glauben würde, weil so etwas Abartiges eine Frau gar nicht überleben könne. Und so weiter und so fort.

Tom fand ihre Schenkel geil. Auf seiner Schenkelmuschiskala war sie eine acht, also eine richtige »Schemu«, wie er und seine Kumpels immer die Weiber nach Fingerbreite abcheckten. Sie nannten das schlichtweg »Schnecken checken«. Je grösser der Abstand zwischen den beiden Schenkeln auf Vaginahöhe war, desto geiler fanden sie es. Stundenlang brachten sie damit zu, Frauen in der Stadt, am Strand oder in Einkaufszentren abzuchecken und ihnen die Ziffern eins bis zehn zuzuweisen.

Als er Nina mit seinen zarten Busfahrerfingern langsam die Schenkel entlang Richtung Bauchnabel fuhr, zuckte ihr Körper zusammen, sie bekam eine Gänsehaut und es überkam sie die

Wolllust. Blitzartig schmiegte sie ihren Körper an den seinen, umarmte ihn, fast schon würgend, und flüsterte in sein Ohr: »Ich bin ganz dein, du kannst mit mir machen, was du willst!«

Tom winkte sofort dem Kellner, da er schleunigst bezahlen wollte, um Ninas Angebot ordentlich auszunutzen. Als der Kellner nicht gleich kam, schrie sie in seine Richtung. Verdutzt kam dieser und streckte ihnen die Rechnung entgegen, welche sie ihm aus den Händen riss. Der Kellner der Cocktailbar schüttelte verwirrt den Kopf. Tom war diese Situation extrem peinlich, denn viele der Gäste kannten ihn persönlich. Hinten im Eck war »Dienstag« und zur Tür kam gerade »Sonntag« von letzter Woche herein. Eben die Frauen, die er an jenen Wochentagen verräumt hatte. Er wollte einfach so schnell wie möglich verschwinden.

Die neue Frau, dieser merkwürdige Fahrgast, schien gerade einen psychologischen Rückfall zu haben und war unberechenbar. Obwohl sie bereits bezahlt hatten, machte sie keinen Anschein, das Lokal in nächster Zeit verlassen zu wollen. Lauter als zuvor erzählte sie intime Geschichten von ihren Freiern und wie viele perverse Schweine es gäbe. Dass sie ihren Engel vermissen und dem Kindsvater am liebsten die Gurgel abschneiden würde. Auch dass Tom ihr die Hand auf den Mund legte, nützte nichts. Sie riss sie weg und spukte ihm anschließend frech ins Gesicht. Mehrere Leute im Lokal drehten sich bereits nach ihnen um und unterbrachen ihr Gespräch oder hörten auf zu kauen.

Als Busfahrer Tom Nina nach draußen zerrte, wurde diese aggressiv und biss ihm ins linke Ohrläppchen. Mit einem schmerzverzerrten Gesicht presste er sie von sich weg. »Die Drogen, die du genommen hast, die will ich nicht. Du bist sowas von verrückt, mit dir muss man sich ja nur schämen«, sagte er in harschem Ton und setzte dann noch drauf: »Ich will dich nie wieder sehen. Verschwinde!«

Das war zu viel für sie. Kullertränen rollten über ihre rosafarbenen Wangen. Ihre Augen verdunkelten sich, das drollige Lachen war augenscheinlich verschwunden. Diese Stiche in ihr verwundetes und geschundenes Herz waren eine Höllenqual. Das war einfach zu viel. Sie konnte nicht mehr. Sie wollte nur weg. Sie rannte weg. Wieder einmal – und wollte sterben, nichts als sterben. Ihr Leben war nichts wert. Sie war es leid, immer jeden dahergelaufenen Typen, sogar einen Busfahrer, zu überzeugen, dass sie ein liebesbedürftiges Wesen war. Nicht mal die vielen Narben auf ihren beiden Unterarmen vom Ritzen konnten diesen Tom überzeugen. Obwohl sie sich so aufgebrezelt hatte, wollte er sie nicht mal vögeln. Diesmal würde sie wirklich sterben und er würde es spätestens auf ihrer Beerdigung bereuen. Dessen war sie sich sicher und befand sich bereits hinter dem großen Wohnblock außer seiner Sichtweite.

Am nächsten Tag kam keine Nina durch die Vordertüre des gelben Buses. Anstelle von Nina lernte Tom hingegen Laura kennen, ein keckes Mädchen mit langen roten Locken und vielen Sommersprossen, die ihr ganzes Gesicht säumten. Sie war gekleidet wie eine Clownfrau und extrem gut drauf. Als Tom nur etwa über die Dauer von zwei Haltestellen mit dieser Laura aus Nofels geredet hatte, verbesserte sich seine Laune immens.

»Wann hast du Pause?« wollte sie wissen. »Noch vier Haltestellen, dann kann ich fünfzehn Minuten pausieren«, entgegnete Tom.

Sie erreichten den Bahnhof. Tom parkierte den Bus einige Meter vor dem Haupteingang und öffnete beide Türen. Alle Fahrgäste stiegen aus – bis auf Laura. »Ich finde dich extrem geil«, entfuhr es ihr mit einem hörbaren Zittern in der Stimme. »Echt?« stellte sich Tom naiv. »Möchtest du, dass ich dir einen blase?« fragte ihn der Rotschopf.

»Da muss ich nicht lange überlegen«, entfuhr es dem Busfahrer, der kurz davor war, der glücklichste Busfahrer der Welt zu werden.

Tom betätigte einen Knopf auf seiner Armatur und es schlossen sich die beiden Bustüren. Er streckte seinen rechten Daumen hoch und bedeutete dem Blaseengel ihm nach hinten zu folgen. Laura ergriff sofort die Hand ihres Auserwählten.

In der hintersten Reihe warf sie Busfahrer Tom hin, riss ihm sogleich die Hose bis zu den Knien hinunter, kniete sich vor ihn hin und nahm sein bereits erigiertes Glied in ihren großen Mund. »Du hast ja schon eine Erekt...« sagte sie, wobei die letzte Silbe verschluckt wurde, weil sie keinen Platz mehr in ihrem Mund hatte.

Tom genoss den Akt in vollen Zügen. Als sie fertig waren – Laura wollte keine Sauerei im Bus hinterlassen und schluckte kurzerhand die ganze Ladung des nun relaxten Chauffeurs – gab sie ihm einen Kuss auf die Stirn und sagte »Tschüss!«

Es dauerte keine 24 Stunden, da wurde Busfahrer Tom von seinem Chef ins Büro zitiert. Er konnte bereits ahnen, wie wohl das Thema des Gesprächs aussehen würde. Der Chef schien verlegener zu sein als der Angestellte und drückte herum. »Ich habe da einen Anruf von einer älteren Dame erhalten, die in der großen Wohnanlage beim Bahnhof wohnt.« Er machte eine längere Pause und rang nach passenden Wörtern. »Sie fühlte sich angeblich gestört, von dem, was du – du weißt schon – gestern in der Pause gemacht hast.« Tom schaute zuerst überrascht und nickte dann nur. Sein Chef fuhr fort: »Du weißt schon, dass sich das nicht gehört, denn das macht kein gutes Bild« so sein Vorgesetzter. »Ja, ich verstehe, das macht echt kein Bild« sagte Tom und versprach, dass es nicht wieder vorkommen werde, zumindest nicht an der selben Stelle.

Sie hat sie getötet

»Es ist nur, weil du immer das Licht anlässt«, sagte er schon leicht gereizt. »Das mache ich nur, weil ich immer so lange auf dich warten muss«, entgegnete sie in ähnlich genervter Tonlage. Der große Zeiger der Uhr war auf der drei und der kleine auf der zwölf. Normalerweise gingen sie anderthalb Stunden eher zu Bett. Doch heute blieb der unangemeldete Besuch zu allem Überdruss noch bis gefühlt unendlich.

Dass manche Leute einfach nicht einfühlsam sein konnten. Nur weil sie mit Mitte dreißig noch ein Lotterleben führten und nicht wie andere am Montag um halb sieben in der früh aufstehen mussten, um sich für die Arbeit bereit zu machen.

Doch einem alten Freund wie Matthias konnte man so etwas ruhig einmal verzeihen. Schließlich gab es unglaublich vieles zu erzählen, nachdem sie sich über zwölf Jahre nicht mehr gesehen hatten und er halb Asien bereist und mehrere Jahre auf dem indischen Subkontinent zugebracht hatte.

Doch jetzt, in jenem Schlafzimmer mit der einen rot

angestrichenen Wand und den türkischen Lampen an der Decke und auf den Nachtkästchen, welche sie allesamt eingeschaltet hatte, lagen die Nerven des Pärchens blank.

Was konnte er schließlich dafür, wenn sie nach dem Zähne putzen nie mit Zungenspatel und Zahnseide sowie Mundwasser ihre letzten natürlichen Zähne, die ein Naturgeschenk waren, pflegte. Und beim einen oder anderen Mal entdeckte er halt zudem noch einen Pickel im Gesicht, den er mit Leidenschaft vor dem gut beleuchteten Spiegel auszudrücken versuchte.

»Jetzt sei doch mal ein Gentleman und schau genau«, kommandierte sie ihn von ihrer Position aus im Bett liegend. »Hast du das Summen denn nicht gehört?« Er grummelte vor sich hin, die Augen fielen ihm regelrecht zu und seine Schritte im zwölf Quadratmeter großen Schlafzimmer glichen jenen eines Elefanten.

Es schien, als wollte er die doofen Nachbarn, welche unter ihnen wohnten, am nachmitternächtlichen Morden teilhaben lassen. »Ich hab genau gesehen, wie du mein Kissen genommen hast«, sagte sie streitwütig. »Na, und?«, wusste er nichts anderes auf diese lächerliche Anschuldigung zu sagen. Nun hatte sie sich in der Mitte des »Queensizebetts« aufgesetzt. Ihre blanken Brüste zeichneten sich durch das seidene Nachthemd ab.

»Ich hab sie gesehen, sie ist richtig groß«, zeigte sie mit ihrem nackten Zeigefinger in die Luft. Er folgte ihrem Finger nicht, sondern sah hinter die Schranktüre sowie hinter die Vorhänge. Auch den Spiegel, der über dem Bett angebracht war und ihr Liebesnest eigentlich auszeichnete, untersuchte er wohl bedacht. Doch da war nichts. Natürlich hörte er nicht so fantastisch wie sie.

Die Jahre als Bandleader und die vielen Proben vor der PA-Anlage hatten ihres dazu beigetragen. Auch mit ihrem Geruchssinn konnte er nicht mithalten. Nicht nur, dass sie nie geraucht hatte, ganz im Gegensatz zu ihm, sondern dass sie auch noch schwanger war. Und was schwangere Frauen mit Hunden gemeinsam haben ist, dass sie so unglaublich gut riechen können.

Er wusste ganz genau, dass sie ihn die ganze Nacht über nicht schlafen lassen würde, wenn er es jetzt nicht vollbringen würde. Doch es war kein leichtes Unterfangen in einem Schlafzimmer, das derart dunkle Möbel hatte, wohl das dunkelste Holz, was der schwedische Billigdiskonter wohl im Sortiment gehabt hatte. Und die vielen Stapel an Kleidungsstücken in allen Ecken machten die Suche nach dem Objekt der Begierde auch nicht gerade einfacher.

Er wusste, dass sie im Halbstundentakt, jedes Mal, wenn sie dieses unliebsame Geräusch vernehmen würde, sie erneut den verdammten Lichtschalter betätigen würde. Und dann würde sie ihm wieder die Schuld in die Schuhe schieben.

Er hörte sie bereits vor seinem geistigen Ohr: »Das passiert immer nur, weil du das Fenster die ganze Nacht auflassen musst. Warum kannst du nicht wie andere Leute einfach stoßlüften?«

Es war zum Verrücktwerden mit der Frau. Er war sich sicher, dass er vor lauter Wut in eine frühmorgendliche Diskussion einwilligen würde, was er spätestens beim Klingeln des Weckers dann wieder bereuen würde. Aber was sollte es? Schließlich hatte ihn schon mal eine Frau wegen seiner Gewohnheit, mit offenem Fenster schlafen zu müssen, verlassen.

Doch wenn er nicht mindestens ein Fenster im Schlafzimmer gekippt ließ, dann würde er immer das Gefühl haben, zu ersticken. Das war in etwa genau so schlimm wie zu ertrinken. Michael Jackson konnte ja auch nur in seinem Sauerstoffzelt schlafen.

Damals verließ ihn Sandra bereits nach der ersten Nacht und beschimpfte ihn als »verdammt sturen Egoisten«.

Er würde jetzt einfach patrouillieren und hinter Kästen, Vorhängen und dem alten Röhrenfernseher mit VHS-Kombi nachschauen, bis sie zufrieden war – und das würde erst der Fall sein, wenn sie eingeschlafen war. Doch sie schien noch quietschfidel. »Jetzt sei nicht so ein Waschlappen. Hilf mir gefälligst« kommandierte sie weiter wie ein oller Feldwebel. Ihre Geduldsfäden schienen in jenem Moment überstrapaziert und drohten augenblicklich zu reißen.

Wie von der Tarantel gestochen sprang sie plötzlich und ganz unerwartet aus dem Bett hoch, rannte zur Wand und schlug augenscheinlich zu. Er blinzelte zwei Mal, schließlich hatte er nichts gesehen.

»Ich habe sie getötet«, schrie sie und triumphierte vor sich hin. Als sie ihre Hand von der nicht mehr ganz weißen Wand weg nahm, sah er die Überreste einer mit Blut gefüllten Mücke, welche hoffentlich ein Unikat im Zimmer gewesen war, denn er wollte endlich einfach nur schlafen.

Die benutzte Klobürste

Ein wortgewandter Mitarbeiter deutscher Herkunft, der beinahe den selben Nachnamen wie der Autor hat – ihm fehlt lediglich das »o«, und in einem bekannten Bäderpark in Hohenems arbeitet, erzählte, dass sich alle erdenklichen Szenen bei der Kundenberatung ereignen würden:

»Einmal musste ich meine Beratung abbrechen, weil sich das Pärchen so arg zerstritten hatte, dass ich sagen musste, sie sollen sich zuerst zuhause wieder versöhnen, und dann wiederkommen.«

Aber nicht nur das. Er erzählt uns auch über die Gewohnheiten so mancher Vorarlberger Familie: »Als ich bei einer Familie zu Besuch war und nach Kuchen und Kaffee half, die Spülmaschine einzuräumen, staunte ich nicht schlecht, als ich dort den Klobürstenhalter vorfand. Seitdem schaue ich immer, wenn ich irgendwo zu Gast bin zuerst in der Spülmaschine nach, ob sich so ein Teil dort drinnen befindet, bevor ich aus deren Geschirr was esse oder trinke« schmunzelte er.

Es würde auch öfters vorkommen, dass Kunden, besonders Stammkunden, mit einer gebrauchten WC-Bürste ins Geschäft kämen und ihm diese unter die Nase hielten mit den Worten »Wir brauchen eine neue, die taugt nichts mehr!«

Das Problem hier läge eindeutig bei den vielen verschiedenen Firmen, die alle andere Normen hätten und somit die WC-Bürsten nicht in jede Halterung passen würden.

Es käme auch immer wieder vor, dass Kunden ihre WC-Brille mitbrächten und auf den Verkaufstresen legten. Die Gebrauchsspuren seien meist sehr eindeutig und stark gelb oder braun gefärbt.

Nach dieser detailreichen Ausführung in die Probleme mancher Kunden dieses Geschäftes verließen wir es wieder und schluckten dreimal fest. Mir hätte gleich beim Betreten dieses Bäderparks auffallen sollen, dass sie sich stark den betuchten Schweizer Gästen, die dank der Grenznähe und des starken Frankens dieses Unternehmen regelmäßig aufsuchen, sich allein vom Namen schon an den Schweizer Dialekt angepasst haben: Bei der Aufschrift »INHAUS« fehlte der große Letter A und ich las somit »INHUS«.

Jetzt war uns alles klar!

Die trockene Klitoris

Es klingelte schon wieder an der Tür. Da war dieser zwielichtige, deutlich übergewichtige Typ gerade mit dem alten Ventilator gegangen, da stand ein deutsches Pärchen auf der Matte und fragte nach dem Nintendo DS-Konverter.

Immerhin kamen sie ihre Einkäufe abholen – was eigentlich keine Selbstverständlichkeit bei den Benutzern von Shpock war, dieser immer beliebter werdenden Flohmarkt-App für Smartphones.

Sowohl mein Mann als auch ich nutzten diese App, so wie etwa 80 Prozent unserer Facebook-Freunde, welche jedes Mal, wenn wir etwas kauften oder verkauften, darüber benachrichtigt wurden.

Sowas kann echt stressen, oder zumindest peinlich sein. Wie in unserem Fall, wenn wir Produkte wie Haarentfernungscremes verscherbeln. Und dann sieht es selbst mein Schwiegervater Hugo, der etwas sehbehindert ist und zu Shpock immer Sphock (S-P-H-Ock) sagt.

Das deutsche Paar entsprach gar nicht dem Bild des Profils aus der App. Die Frau war mit Pickeln nur so übersät und ihr Freund oder Gatte hatte einen Wampen wie Bud Spencer und schüttere Haare wie ein afrikanischer Marabu. Mein Mann hatte mit ihnen angeblich einen Tauschhandel abgemacht, von dem ich natürlich nichts wusste. Auf jeden Fall reichten sie mir eine Plastiktüte, welche stark nach ekligem Zigarettenqualm roch und deren Inhalt ein Lego Duplo-Puppenhaus aus den 80er Jahren des vergangenen Jahrhunderts war, welches ich zuerst in den Geschirrspüler geben würde, bevor unsere vier Kinder damit spielen durften.

Ich war zu spät dran. Wie immer, seitdem das Baby da war. In einer halben Stunde war bereits mein Termin bei der Frauenärztin, und diese Leute stellten mir Fragen zum Nintendo DS und auf welchen Seiten im Internet die Spiele herunter geladen werden konnten und welche Treibersoftware ich ihnen empfehlen würde.

Als ich das Baby und die Wickeltasche zusammen packte und zum Peugeot ging, stellte ich fest, dass mein Mann etwas an den Reifen gemacht hatte. Mal wieder typisch für ihn.

Aus mir schier unerklärlichen Gründen hatte er pizzagroße

Plastikteller an allen vier Rädern montiert. Und ich sollte jetzt damit fahren? Ich fuhr ohnehin nicht so gerne mit diesem Auto mit Automatikgetriebe.

Aber ich musste, wollte ich rechtzeitig bei meiner Frauenärztin in Bludenz eintreffen. Die ganze Autofahrt über schrie das Baby wie ein Tourist, der von einem westafrikanischen Eingeborenenstamm gefangen genommen und aufgespießt wird.

Kein Wunder, blieb einfach keine Zeit mehr, um es in Ruhe zuhause zu stillen, das arme Ding. Ich konnte mich kaum auf den dichten Verkehr auf der A14 konzentrieren. Es stand ein langes Wochenende bevor, und da mussten alle einkaufen, als ob der Dritte Weltkrieg mit einer aufkeimenden und unvermeindlichen Hungersnot bevorstünde.

Als ich die Tiefgarage im Bürser Zimbapark passierte, suchte ich so lange nach einem geeigneten Parkplatz, bis ich einen fand, wo links und rechts keine Betonsäulen waren. Ein nicht all zu leichtes Unterfangen, aber seitdem ich den Vorgänger von diesem Peugeot 207, einen Renault Clio Sport, einmal an so einer dummen Säule touchiert hatte, und mein Mann und ich danach zwei Wochen nicht mehr miteinander geredet hatten, wollte ich so ein Desaster ganz einfach vermeiden.

Nachdem ich den Parkstress hinter mich gebracht hatte, bestieg ich mit Baby, Wickeltasche und Handtasche bepackt den Lift. Da ich mich nicht mehr erinnern konnte, in welchem Stock die Ordination der Frauenärztin war, drückte ich einfach die 30, was uns ganz nach oben befördern sollte.

Als sich die Lifttüren im obersten Stockwerk öffneten, staunte ich nicht schlecht, dass ich inmitten einer Filiale dieses schwedischen Möbelgeschäftes stand, das ich seitdem ich erfahren hatte, dass sie in der Vergangenheit durch Zwangsarbeit aus DDR-Frauengefängnissen beliefert wurden, und sich bis heute weigerten, an die Opfer Ausgleichszahlungen zu leisten, eigentlich boykottierte.

Ich meine, so gut es halt geht, denn in meinem Freundeskreis gibt es eigentlich niemanden, der nicht zumindest ein Glas oder eine Stehlampe oder ein Billigregal mit den äußerst kreativen Namen Malsjö, Valje oder Hemnes herumstehen hätte.

Ich machte keine zwei Schritte aus dem Lift, da sprang schon eine Verkäuferin auf mich zu, der das Babygeschrei wohl zu

Ohren gestiegen war. In ihrer blau-gelben Tracht gab sie mir zu verstehen, dass ich das Baby am Besten in Abteilung vier in eine Babyhängematte legen sollte, dann würde es sofort ruhig sein.

»Sie wissen schon, die ‚Billy Baby‘, welche man an jedem Türrahmen befestigen kann und die durch eine Feder kinderleicht betrieben werden können. Und das zu einem wirklichen Schnäppchenpreis.« Ich ging auf ihr Geschwafel gar nicht erst ein und unterbrach sie forsch: »Wie komme ich denn zur Ordination von Frau Dr. Gantenbein-Biel?«

Mit dieser Frage hatte sie wohl nicht gerechnet. Sie dachte sich wohl, was für eine Rabenmutter ich bin. Wenn das Baby schreit, muss man doch alles stehen und liegen lassen und sich um das Wohlergehen des kleinen, hilflosen Geschöpfs kümmern.

Auf jeden Fall sah sie mich derart verdutzt an, so wie jemand, dem man erklärt, dass er HIV positiv ist oder dass seine Katze, die er mehr geliebt hat als seinen Ehemann, gerade von einem Auto überfahren wurde.

»Da kommen sie nicht hin, da ist gerade Baustelle«, gab sie ebenso forsch zurück, wie ich zuvor die Frage formuliert hatte. »Wie? Was? Baustelle? Der Zimbapark ist doch älter als der Götzner Garnmarkt und schon längst fertig gebaut. Was für eine Baustelle?« entkam es mir. »Kommen Sie mit, ich bringe Sie in Abteilung vier zur Babyhängematte. Ihr Kind wird sie lieben.«

Ohne dass ich mich versah, zog mich die Verkäuferin am Arm und hatte bereits den Maxi-Cosi-Kindersitz samt Inhalt in ihre andere Hand genommen. Ich war kurz davor, dass mir der Kragen platzte.

Wenn etwas gar nicht ging, dann war es, dass mir jemand Wildfremdes mein Baby wegnahm. In so einem Moment wird jede Mutter zur Mörderin. Ich hasste dies genauso, wie wenn Wildfremde mein Kind angriffen oder ihm gar Bussis gaben. Man kann mich Hypochonder nennen, aber da draußen lauern so viele Gefahren und Keime. Monk lässt grüßen!

Ich wollte jetzt eigentlich nur zu meiner Frauenärztin. Nur sie wusste wohl eine Erklärung, warum meine Klitoris so trocken war. Und das seit Wochen schon. Mein Mann wusste nichts davon. Und Dr. Google, den ich mehrmals mit Suchanfragen konsultiert hatte, spuckte nur wirres Zeug aus, das sich solche

Hobbyhomöopathen in ihrer kranken Fantasie ausgedacht hatten.

Nach etwa fünfzig Schritten und einem Schweißausbruch, der mit einem ansetzenden Magengeschwür in mir aufkamen, befanden wir uns auch schon in Abteilung vier. Ich stellte just in diesem Moment fest, dass ich diese Art von Möbelhäusern hasste. Möbelhäuser, die ihre Kunden zwingen, von oben nach unten, von vorne bis nach hinten jede verdammte Abteilung durchzuwandern, sich all den Billiglohnlandschrott anzusehen, bis sie zur Kassa und Warenausgabe kamen und schließlich zurück an die frische Luft – in die Freiheit.

Ein langer, beschwerlicher und in meinem Fall steiniger Weg. »Das ist ein Billy Baby« hörte ich die auf mich hysterisch wirkende Mischung aus Paradeverkäuferin und Supermum. Ich nickte abwesend. Kaum hatte ich mich versehen, schon lag mein kleines Baby drinnen. Klick, klack. Sie war angeschnallt in dieser Amazonasschaukel mit der großen Feder unterhalb des Türrahmens.

Das war zu viel, schließlich war ich die Mutter und bestimmte, was mit der Kleinen gemacht wurde, da sie es noch nicht selbst regeln konnte.

Impulsiv schubste ich die Verkäuferin beiseite und schaukelte mein Baby, das noch immer schrie, allerdings bereits heiser. Es dauerte kaum eine gefühlte halbe Minute, da kam die Retourkutsche. Schubs zurück. »So geht das nicht, sie müssen das Kind schon fester anschubsen, sonst schläft es nie ein.« Jetzt löschte es mir die Festplatte.

Gerade als ich ausholen wollte, um der Alten eine ordentliche Ohrfeige zu pfeffern, läutete mein Handy. Es war der »alarm clock«.

Zum Glück war alles nur ein Traum gewesen und das Baby schlummerte tief und fest im Gitterbettchen an meiner Seite.

Mein Mann, tja, der war bereits am Frühstückstisch, sein Handy in der Hand und antwortete auf eine Vielzahl dieser doofen Shpock-Anfragen als hätten wir echt nichts Besseres zu tun!

Die Bretter, die die Welt bedeuten

Da sagte Gott zu Noach: »Mit den Menschen mache ich ein Ende. Ich sehe nicht länger zu. Ich will sie alle vernichten; denn die Erde ist voll von dem Unrecht, das sie getan haben.

Bau dir ein Schiff aus Holz und dichte es innen und außen mit Pech ab. Ich werde eine Flut über die Erde hereinbrechen lassen, in der alles Leben umkommen wird.

Mit dir aber schließe ich einen Bund und verspreche dir: Du sollst gerettet werden.«

Und der Herr hielt inne. Noach tat alles, was der Herr ihm befohlen hatte. Jedoch gab es da noch ein kleines Problem. Noach wusste das. Der Allmächtige auch. Er verlor jedoch kein Wort darüber. Wollte Er Noach auf die Probe stellen? Ihn an seine äußersten Grenzen treiben? Dies, obwohl er wusste, dass er der Einzige war, an dem er noch Freude hatte? Der alte Noach, ein rechtschaffener Mann, der stets bemüht war, die Verbindung zu Ihm lebendig zu halten. Oft wurde er von seinen Mitmenschen wegen seiner vorbildlichen Lebensführung verspottet und verachtet. Und nun wagte er nicht, den Allmächtigen danach zu fragen, um nicht ihren Bund zu gefährden. Hatte Er ihn doch zusammen mit seinen Herzallerliebsten unter allem Menschenvolk zu den einzigen Überlebenden auserkoren.

Die angenehme Stimme mit dem hellsten Licht, das Noach je erblickt hatte, war verstummt. Der weißbärtige Patriarch war noch immer halb in Trance. Trotzdem versuchte er sich an jedes einzelne Wort, welches der Herr ihm offenbart hatte, zu entsinnen. Richtig. Er wurde nicht nur für den Bau dieser Arche beauftragt und bekam genaue Anweisungen dafür, sondern hatte auch von allen Tieren ein Männchen und ein Weibchen mitzunehmen. Obwohl dies keine einfache Aufgabe war, machte sich Noach um ganz etwas anderes Sorgen. Er zerbrach sich regelrecht den Kopf darüber, denn eine Lösung dieses Problems schien unmöglich zu sein: In ganz Kanaan gab es keinen Wald mehr. Kein einziges Tännchen. Somit kein Holz und keine Bretter für die Arche. Krieg war an der Tagesordnung und alle Wälder vernichtet. Die wütenden und von den sieben Winden voran getriebenen Flammen hatten das ganze Land abgerodet und unfruchtbar gemacht. Und diejenigen, die nicht im Krieg lebten, errichteten ihren unzähligen Göttern riesige Opferaltäre – natürlich aus Holzscheiten. Jetzt konnte wirklich nur noch ein Wunder geschehen. Was um Himmels Willen konnte in dieser schweren Zeit Noach Rohmaterial beschaffen?

Der Herr – Er sei gepriesen – hatte in all den Tagen gesehen, wie weit es mit den Menschen gekommen war: Sie kümmerten sich nicht um das, was recht ist; ihr Denken und Handeln war durch und durch böse. Das tat Ihm weh, und Er bereute, sie jemals geschaffen zu haben. Deshalb kam Er zum Entschluss, die Menschen auszurotten – und nicht nur die Menschen, sondern mit ihnen auch alles Vieh, sowohl das auf dem Land wie auch das in der Luft.

Der Herr versicherte Noach und dessen Frau sowie ihren drei Söhnen und deren Ehefrauen die Rettung. Doch was nützte dieses Versprechen, wenn Noach seine Aufgabe, mit der ihn der Allmächtige beauftragt hatte, nicht erfüllen konnte? Holz war in Kanaan Mangelware. Zimmerleute mussten schon Jahre zuvor ihre Arbeit nieder legen und wurden entweder Fischer oder Töpfer. Es reichte nicht einmal, um das Vieh einzuzäunen oder Bestallungen zu errichten.

Mehrere Tage und Nächte lang lag er wach, grübelte und betete, betete und grübelte. Bis zur Weißglut respektive bis zum Morgengrauen. In der siebten Nacht, als er den Herrn erneut anrief, erschien ihm dieser und befahl dem vom Leben gezeichneten Mann: »Schicke deine Söhne ans Meer bei Aschkelon. Von dort aus sollen sie gen Norden bis nach Dor ziehen und nach angeschwemmten Baumstämmen Ausschau halten. Ich habe einen starken Sturm geschickt, und alle Schiffe, die vor der Küste schwammen, sind zerschellt. Du selbst, begib dich ins Negev. Dort habe ich für dich einen Wald entstehen lassen. Fälle den ganzen Wald und beginne gleich darauf mit dem Bau der Arche, denn in nur mehr sieben Tagen werde ich es für 40 Tage und Nächte ununterbrochen regnen lassen.«

Noach fand in besagter Nacht keinen Schlaf mehr. Noch vor Tagesanbruch weckte er Sem, Ham und Jafet, die neben ihren Frauen tief in deren Hütten schliefen und bat sie innbrünstig nach Aschkelon zu eilen. Er selbst ging ins Negev und fand dort den Wald vor, von welchem ihm der Herr berichtet hatte. Die Männer arbeiteten wie besessen, denn das Holz, das sie so notwendig brauchten, musste für eine Arche mit 150 Metern Länge, 25 Metern in der Breite und 15 Metern Höhe ausreichen.

An diesen Tagen traf ein heute berühmtes Zitat vollkommen zu, welches der Vater des kleinen Prinzen schuf: »Wenn du ein Schiff bauen willst, so trommle nicht Männer zusammen, um Holz zu beschaffen, Aufgaben zu vergeben, und Werkzeuge zu verteilen, sondern lehre sie die Sehnsucht nach dem Meer.«

Sie brauchten drei ganze Tage und Nächte für diese Arbeit. Am vierten Tag begann Noach sein Talent vollends auszuschöpfen: Der erste Baumeister der Geschichte begann mit dem Bau der Arche Gottes. Die Zeit drängte. Stunden verflogen wie Minuten, Wochen wie Tage. Am fünften Tag war der Boden und der erste Stock fertig, am sechsten der zweite und dritte. Der gesamte Rumpf und die Außenwände wurden allesamt mit Pech abgedichtet. Am siebten Tag, als Noach das Dach fertig stellte und seine Söhne an der einzigen Öffnung, einer seitlichen Tür, arbeiteten und ihre Frauen all die vielen Tiere zusammen trommelten, begann es bereits zu tröpfeln. Die ersten Regenwolken zogen schon zu früher Morgenstunde auf.

Aus dem Tröpfeln wurden größere Tropfen und der Regen wurde von Stunde zu Stunde zunehmend stärker und gewaltiger. Das letzte Brett, der letzte Nagel. Das Giraffenpärchen. Der Elefant und die Elefantendame. Die Zebras, Gnus, die Kuh und der Stier. Der Alligator, das Taubenpärchen. Sem, Ham und Jafet. Die Schafe, Ziegen und Hühner. Die drei Schwiegertöchter. Heu und Stroh. Wasser. Mais und Reis. Noch mehr Wasser. Noch mehr Trockenfutter.

Die Regenfälle intensivierten sich. Das ganze Land, Wiesen und Weiden, Steine und Sträucher wurden schon tropfnass.

»Ooh, die zwei Frösche. Die hätten wir beinahe vergessen.«

»Wo sind die Fledermäuse?« – »Und die Eichhörnchen?«

»Die Schlange muss definitiv draußen bleiben!«

»Vater steht schon bis zu den Knien im Wasser. Was macht er denn noch da draußen?« – »Er denkt, wir hätten uns verzählt und eine Tiergattung vergessen!«

»Kein Wunder bei dem Affentheater hier unten. Die Bären

brüllen ja ununterbrochen. Der Esel schreit wie am Spieß, weil er sich in Gesellschaft der Lamas und Hunde sichtlich unwohl fühlt.«

»Schaut euch die zwei Spechte an. Jetzt reicht's aber wirklich. Wenn die so weiter machen, gehen wir bald unter. Die machen ja aus den Wänden lauter Jerichorosen!«

»Euer Vater kommt!« informiert die Gattin aufgeregt die anderen sechs Passagiere.

»Der Herr sei gepriesen. Schließt das Tor!« Noach betritt als letzter die Arche. Ein Duft von Zypressenholz und Heu schwängert die Luft. Der Himmel hat sich gänzlich zugezogen. Pechschwarz wie die finstere Nacht. Jafet entzündet die Öllampen. Das Trommeln des Regens klingt sehr beängstigend. Wie Schreie. Klagerufe. Lauter und immer lauter werdend. Das Wasser liegt jetzt schon so hoch wie der Rücken eines Kamels. Die Arche löst sich vom Land und treibt gen Westen.

Der Tag der Sintflut ist gekommen. Wir schreiben den 17. Februar. Das große Strafgericht, Armageddon Teil eins. Noach feiert seinen 601. Geburtstag. Der Herr meint es gut mit ihm. Am 17. Juni erreichen sie das Araratgebirge in Kleinasien. Das Wasser steht noch über fünf Meter über den höchsten Gipfeln. Am 1. Oktober ist der erste Gipfel sichtbar. Noach sendet eine Taube aus. Daraufhin auch einen Raben. Doch beide kehren nach kurzer Zeit wieder zurück. Als er die Taube zum zweiten Mal aussendet, kehrt sie mit einem Ölzweig in ihrem Schnabel zur Arche zurück. Am 27. Februar des Folgejahres ist die Erde ganz trocken. Die lang ersehnte Zeit zum Auschecken ist gekommen. Noach sendet die Taube ein drittes Mal aus. Sie kehrt nicht mehr wieder.

Und der Herr sagte: »Ich habe mein Versprechen gehalten und euch gerettet. Ich gebe euch die Zusage, nicht noch einmal Leben zu vernichten. Keine Flut mehr soll auf die Erde hereinbrechen. Für alle Zeiten. Vermehrt euch und bevölkert die Erde!«

Und als Zeichen für den Ewigen Bund setzte Er einen Regenbogen, welcher bis zu den Glanzzeiten König Davids hell das Firmament erstrahlte und eine Brücke zwischen dem Herrn und Noach und all seinen Nachkommen bildet. Lasst uns jedes Mal, wenn es regnet, dieses Bundes gedenken, der in alle Ewigkeit in den schönsten Farben erstrahlen wird!

Epilog:

»Die Bretter, die die Welt bedeuten!« (William Shakespeare)

Nun weißt du, geschätzter Leser, was dieser oft zitierte und zum geflügelten Wort gewordene Spruch des Englischen Dichters und Dramaturgen William Shakespeare bedeutet. Weder die Bretterbühne eines Theaters oder eines Zirkus', noch der Fallboden unterm Strick oder der Deckel eines mittelalterlichen Plumpsklos, auch keine Tanzfläche für Walzer oder Salsa, nein, ganz im Gegenteil: Die Bretter, die die Welt bedeuten sind der Rumpf der Arche, das Menschenlebenrettende Skelett, das Leben in die neue Welt brachte.

Ach du »brave new world«, was wärst du ohne diese Arche?

Ein jeder erzählt von der Titanic, doch dessen kolossaler Großvater verstaubt immer mehr in unserem Gedächtnis, einem Spinnennetz tradierter Erinnerung. Wir alle sind Teil dieser Arche Noachs, der Arche Gottes, der Arche der Welt.

Vielleicht denken wir an dieses großartige Geschenk, wenn wir das nächste Mal ein Stück Holz in Händen halten. Sei es der Stil eines Hammers oder Besens, ein Baseballschläger, die Lehne eines Stuhles oder nur ein kleiner Zahnstocher, der Speisereste aus den feinen Ritzen unserer Zähne befreit, wie einst Noach aus einer verseuchten, kranken und teuflischen Welt befreit wurde.

Und wann immer wir einen schönen Regenbogen in seinen Farben am Himmel erstrahlen sehen, nachdem der Regen aufgehört hat und die Sonne wieder scheint, sollen wir auch dieses Bundes, dieses Geschenkes und dieses Versprechens gedenken und uns am Leben erfreuen.

Wasser ist Tod und Leben. Ende und Neuanfang. Und vielleicht das erquickendste Element überhaupt!

PS: Einer der Spechte hat es etwas übertrieben. Er war nicht nur zu laut, sondern verunstaltete das geniale Konstrukt des weißbärtigen Lebensretters in einen löchrigen Schweizer Käse aus dem Appenzell. Somit platzte nach kurzer Zeit Ham der Kragen und er beförderte ihn in die Fluten. Vielleicht gibt es deshalb so wenige Spechte auf unserem Planeten und wieder so viele Bäume und vielleicht wurde auch aus diesem Grund die Arche im Araratgebirge in der heutigen Türkei bis heute nie gefunden?!

HEIL HOLOCAUST! Oder die Geschichte einer PET-Flasche

Und dann geschah etwas, was ich bislang nicht für möglich gehalten hätte: Der Fette in der Bomberjacke und dem Londsdale-Pullover schmetterte eine leere PET-Flasche aus nächster Nähe und mit voller Wucht auf den Kleinen im Fred Perry-Shirt, welcher breitbeinig zwischen zwei blonden, bebrillten Mädchen auf der Couch saß und für den Bruchteil einer Sekunde lauthals aufschrie. Die Kante der Flasche aus der brutalen Hand des Fetten hatte ihn voll an der Schläfe erwischt. Blut strömte wie ein kleiner Bach zu Boden. Reflexartig zum nächsten Papierständer rennend reagierte ich auf meine Art: Ich hielt ihm eine Handvoll Papiertücher an das Cut und erst später holte ich Eiswürfel in ein Geschirrtuch wickelnd aus der Küche, als er, das Opfer, bereits im Auto saß und drängte, ihn endlich ins Landesspital zu kutschieren.

So ging es hier die meiste Zeit zu. Die Jungs hatten einfach zu viel überschüssige Energie, und falls sie einmal laut eigenen Aussagen kein »dreckiges Negerlein« zum Vermöbeln fanden, dann kam es schon mal vor, dass sich das Rudel separierte und Egoismus die Oberhand gewann. Sie waren allesamt blutjung und genauso dumm und befanden sich auf einem jähen Selbstfindungstripp. Sie verneinten alles Fremde, hatten sogar an jedem was auszusetzen, der nicht aus ihrer Heimatgemeinde stammte. Oft wohnte der Ausländer bereits in Nachbars Garten, so eingeschränkt war ihr Blickfeld und ihre Toleranzgrenze war kleiner als das Hirn eines Riesensauriers.

Der diensthabende Arzt im Landesspital stellte ein 1,5 cm tiefes Cut fest und der Jugendliche im Shirt mit dem weiß gestreiften Kragen war nun vor die Wahl zweier Möglichkeiten gestellt: Kleben oder nähen. Für beide Varianten war eine Rasur um die Wunde herum notwendig – er hingegen wollte gleich sein ganzes Haupt enthaaren lassen, ohnehin wiesen seine Haare kaum eine erwähnenswerte Länge auf. Vor den zwei Stichen hatte er anscheinend großen Respekt und entschied sich schließlich für das Kleben. Der noch junge Arzt rasierte natürlich nur die Stelle um die Wunde und wollte noch wissen, wie der Unfall entstand

(Antwort des Jungen: »Habe mit einem Kollegen etwas rumgeblödelt!«) und ob er Tetanus geimpft sei (Er wusste es selbstverständlich nicht – mein Eindruck war, dass es ihm ohnehin gleichgültig war!).

Als sich der größere Zeiger der Uhr etwa einmal um die eigene Achse bewegt hatte, lieferte ich die kleine, unscheinbare Kamikaze wieder im »Böhse Onkelz«-verseuchten Jugendraum (welcher eher einem Diskobunker glich) ab.

Die Jugendlichen mit »eigener Einstellung«, die von Beteiligten der anderen Szene schlichtweg als »Faschos« bezeichnet wurden, waren sehr wankelmütig. Waren sie nüchtern, kam es zu Diskussionen (welche meist den ganzen Abend über andauerten und zu wirklich nichts führten). Waren sie angetrunken, kam es zu Pöbeleien. Waren sie betrunken, waren sie nicht mehr ansprechbar und ihre Schizophrenie kam zum Vorschein. Doch die meiste Zeit waren sie stockbesoffen. Sie schlägerten intuitiv und schlugen gegen so ziemlich alles, was ihnen in die Hände fiel. Sie brüllten »Heil Hitler« in der Gegend umher und beschimpften Schweizer als »Scheiß Schwiizer«, Österreicher als »Scheißlinke« und alle anderen (Deutsche inkludiert) waren für sie »stinkende Juden« oder »dreckige Nigger«. Sie wussten ganz einfach nicht, was sie sagten, denn denken taten sie bestimmt nicht (und falls doch, dann nur in ihrer borniertten Welt). Weder der Gemeindevorsteher noch ihre Eltern schienen irgendetwas an dem Verhalten der »Pseudo-Skins« auszusetzen zu haben – hörte ich sie etwa selbst über die zugezogene Türkenfamilie, welche sich nicht anpassen und fügen wollte und über Moslems und Kopftuchfrauen im Allgemeinen schimpfen.

Mir kam es vor, als ob nun das halbe Land verrückt geworden wäre. Oder stimmte etwa mit mir was nicht? Ich glaube kaum. Zum Glück gab es da noch vereinzelt eine andere, vom Aussterben bedrohte Randgruppe, welche sich »Punks« nannte und die etwas Farbe ins sonst so grautönige Alltagsleben brachte. Mit ihren Irokesen, »Che Guevara«-Leibchen und Nietengürteln sorgten sie zwar kaum mehr für Aufsehen, doch durch ihre Seltenheit wiederum schon. Schließlich hörten nicht nur Schwarze HipHop und Reggae-Musik. Der Wiederbetätigungsparagraph war irgendwo im Strafrecht versteckt und sowieso in Vergessenheit geraten. Mir ging es hauptsächlich um Toleranz und gegenseitigen Respekt voreinander.

Eine Woche nach dem »Vorfall mit der PET-Flasche« kam es zur Konfrontation mit »Skatern« und »Boardern«. Die »Möchtegern-Skins« lauerten den Jungs im »Oversize«-Look vor einem bekannten Fachgeschäft für Skateboards- und Snowboardmarken auf. Kurz darauf kam es zur Massenschlägerei. Am selben Abend während einer Weihnachtsveranstaltung in der Gemeinde wurde der Gemeindevorsteher persönlich attackiert. Am Tag darauf erstattete er Anzeige bei der Polizei. Gegen die Übergriffe zur Wehr gesetzt hat er sich jedoch nicht. So etwas nennt man Politik! Wieder eine Woche später pilgerten die »Bomberjacken-Buben« vom »rechten Jugendtreff« in die Nachbargemeinde (sprich »Ausländerkaff«) zum »linken Treff« und suchten sichtlich Körperkontakt mit diesen.

Am selben Abend wurde die Fahrertüre meines Wagens zerkratzt (oder sollte ich verziert sagen?), zwei Fahrräder von Jugendlichen »entführt« und ein weiteres gänzlich »umgetunt«. Ich rief zwar gleich die Nummer des Gemeindepolizisten, konnte ihn jedoch weder im Dienst noch privat erreichen. Man sagte mir: »Vielleicht hat er ja aufgehört!« Ja, ja, wenn man sie mal braucht, die Freunde und Helfer in der Not..

Nun kleben »right is wrong!« und »Stop racism and xenophobia!«-Sticker an den Türen der Jugendräume. Ich habe mir mittlerweile ein neues Auto zugelegt, dem angeblichen »Führer« der »Glatzenbewegung« mit ihren Hakenkreuzhalsketten und White-Power-Klamotten Jugendraumverbot (welches bis heute nie in Kraft trat!) und eine Anzeige wegen gefährlicher Drohung und Vandalismus (das mit dem Wiederbetätigungsparagraphen fasste leider nicht Fuß!) verpasst und meine Nachfolge ist eine junge, zierliche Dame, die nun ihre Arbeit mit »Angst« assoziieren kann.

Wortfetzenbetört

»Willst du mal meine Sex-Kabine benutzen?« fragte einer der Jungs der sechsköpfigen Clique, die im Alter von etwa 14 waren und sich ein Stückchen oberhalb meines Platzes breit gemacht hatten. Eine Einzelkindfamilie aschgrauer Wolken ließ Mutter Sonne kurz verschwinden und ermöglichte es meinen sonst so stark geblendeten Augen die einzelnen Fratzen genauer auszumachen. Das kurz gescherte Gras war geschwängert von Ameisenkolonien, klassisch schwarzen und pissenden roten, arbeitseifrigen wie ebenfalls trägen. Sie verkörperten unsere Welt im Miniaturformat.

Ich versuchte an dieser Schlaftablettenpackung in Buchform weiter zu lesen, an der ich schon über drei Monaten nagte. Versuchte, die unterschiedlichsten Insektengattungen, welche frohgelaunt meinen von der Sonne gebräunten Körper bewanderten, einfach zu ignorieren, genau so wie die meine rasierten Achseln herab rinnenden, mich kitzelnden Schweißperlen und das Geplärre von überall wild herumtobenden Kindern, die ihre Eltern um ein Eis und noch ein Eis bettelten. Die gute, alte Sonne war zurück. Sie befreite sich sogleich von den lästigen, omnipräsenten Wolkenscharen. Ebenfalls waren die Nielen paffenden Jungs zurück, deren Münder Schimpfworte aus der untersten Schublade bellten. Als ich grad zum Mitlauschen gezwungen war, schimpften sie doch glatt ein passierendes Bikini-Teen als »Fotze« und pfiffen ihr in unsittlicher Manier nach. Ich blickte kurz auf und zwang mein Haupt erneut sich in die letternstarken Seiten zu neigen, um die nächste Zeile, jedoch ohne ein Gefühl von Heißhunger, zu verschlingen.

»Wo ist hier eigentlich das Klo?« – »Beim Eingang!«, meinte einer. »Geh einfach raus und kack' vor den Eingang irgendwohin!«, entgegnete ein anderer. Und ein dritter wusste bauernschlau: »Mann, scheiß doch am besten in die Bademeisterkabine vom Eugen!«, und lachte spitzbubenhaft. »Ja, geh in die Bademeisterkabine scheißen!«, sagte der andere wieder, lauthals, für alle anderen Besucher unüberhörbar. Danke! Mein Handy vibrierte. Nur einmal. Empfang einer Kurznachricht, sprich SMS.

Eine fettleibige Frau kam, entweder schon im x-ten Monat

schwanger oder einfach so mit einem »Schwimmreif« bestückt, gestützt von zwei Kindern an beiden Armen, und sagte zu ihnen: »Mensch, seid ihr doch gefräßige Kinder, so etwas Verfressenes wie euch hab' ich noch nie erlebt!«

Diese letzten, schon intuitiv aufgeschnappten Wortfetzen waren für mich Anlass genug, ein Eis und eine Abkühlung im 25° kühlen Nass des ältesten Freibades des Landes zu nehmen. Es lebe die Schwimmbadsaison mit Grander-Wasser, dachte ich mir und war bestimmt nicht der Einzige mit solchen Gedanken. Denn vielleicht hatte auch der kleine Junge, der neben mir grad den Baumstamm mit seiner Notdurft bemalte, ähnliche Gedanken.

Das schmerzende Korsett

»Solange er sich für mich interessierte, schenkte er mir seine ungeteilte Aufmerksamkeit. Ich fühlte mich vollends geliebt und verstanden. Es schien mir, als wenn ich die wichtigste Person im ganzen Universum wäre. Doch so war es mit allen. Mit Herr Sparrow, dem alten Mayer, und natürlich seinem Busenkumpel Rainer. Und das waren erst die Männer. Von den unzähligen Gelegenheitsflirts, angeblichen Kolleginnen bis zu Wochenendaffären ganz zu schweigen. Wann immer jemand Neues in sein Leben trat, spürte ich diese Veränderung als Erste. Er war dann immer wie ausgewechselt, wie ein völlig anderer Mensch oder jemand, der von einer Kur zurückkehrt. Ich weiß schon, was Sie jetzt denken!«

»Ach wirklich?«, entgegnete Thomas Bolter, der einmal mehr seinem Ruf als guter Zuhörer gerecht wurde.

»Ja, nämlich, dass ich verrückt bin. Und Sie fragen sich, wieso ich diesen Mann noch nicht längst verlassen habe? Doch glauben Sie mir, abends im Bett ist er ganz anders, als Sie ihn womöglich einschätzen. Er hat da so eine Gabe, die mich verzaubern kann. Seine Berührungen sind so zärtlich und seine Art so voller Hingabe. Damit macht er mich ganz verrückt. Und ich bin ihm dann völlig ausgeliefert und kann nicht anders, als mich ihm voll und ganz hinzugeben. In diesen Momenten scheine ich immer alles zu vergessen, ich verzeihe ihm dann, wie vom Blitz getroffen, all seine Affären und lasse mich einfach gehen!«

Sie hielt kurz inne. Bolter räusperte sich kurz und schluckte dann schwer. Er griff zu dem Glas, welches direkt vor ihm auf dem Tisch stand, und nahm einen kräftigen Schluck von der rötlichen Brühe.

»Und wissen Sie, eigentlich ist er ein guter Mensch. Er ist immer so lieb zu der Kleinen ...«

»Wie ist denn ihr Name?«, fragte Bolter nach.

»Osama. Sie ist noch jung, aber so ein treuer, reinrassiger Welpe.«

Jetzt war ihm alles klar. Bolter wusste mehr als Frau Keckeis. Er kannte sein Curriculum in- und auswendig. Angefangen von all seinen Jugendsünden, der ersten Vorstrafe, verursacht durch Ladendiebstahl bis zu schwerwiegenderen jedoch von Väterchen und dessen Handlangern fein vertuschten Delikten wie Vergewaltigung, Geldwäscherei, Versicherungsbetrug und dem erst kürzlich erfolgten Freitod einer 21-jährigen Jus-Studentin, die von ihm schwanger war.

Ja, es gab einen Geheimdienst in der Alpenrepublik. Dessen Existenz war so unbekannt, dass er zum bestgehüteten geheimen Dienst weltweit avancierte. Dessen Mitarbeiter, präzise ausgebildete Schnüffler, erfuhren schließlich Details über ihren Mandanten, welche ein normaler Stadtbulle nie alleine herausfinden konnte.

Doch eines blieb bislang unbestätigt. Und genau das war der Auftrag von Thomas Bolter, herauszufinden, wer Flatz war. Es gab Dinge, welche ein Mann seiner Frau erzählte. Und wiederum gab es Dinge, welche er nur einem anderen Mann offenbarte. Und genau dieser Mann stand auf Bolters Auftragsliste: Josef Flatz.

Als Bolter Frau Keckeis darüber befragte, konnte sie es nur bejahen: Flatz war der beste und engste Freund ihres spurlos verschwundenen Gatten.

»Hmm, lassen Sie mich kurz nachdenken«, erwiderte sie, »das letzte Mal sah ich den Seppl vor zwei Tagen.«

»Und wo genau war das?«

»Als ich gerade im Auto in Richtung Chur unterwegs war, sah ich ihn in Begleitung einer mir bislang unbekannten Blondine vor der Imbissbude Hanselmann stehen.«

»Und wie sah Flatz aus?«

»Witzig. Zuerst erkannte ich ihn überhaupt nicht, denn er hat sich seine ganzen Haare abrasiert und trug einen langen, schwarzen Lodenmantel.«

Die siebte Generation Frühaufsteher

Und er erinnerte sich wieder an Togarma, den Maya-Jungen, welcher als Poolkellner in einem Hotel in Cozumel im Süden von Mexiko auf der Halbinsel Yucatan seine Brötchen verdiente und durch die unterschiedlichen Gäste, welche er mit kühlen Drinks bediente, verschiedenste Sprachkenntnisse erwarb. Er fragte sich, ob dieser Togarma Chuc Moo gerade seine auf Deutsch verfasste Hochzeitseinladung, welche er seinem letzten Brief beigelegt hatte, in Händen hielt und diese von einem deutschen oder österreichischen Touristen übersetzen ließ oder ob er sich bereits seinen Traum erfüllte und sein Mädchen von der Isla Mujeres besuchte?

Er erinnerte sich an den Ratschlag, welcher er Togarma damals gab, als dieser ihn fragte, ob es denn Liebe ohne Hass geben würde? Damals, als sie in diesem kleinen Restaurant an der Hauptstraße wie jeden Abend dinierten, sagte er zu Togarma: »Die Liebe und der Hass sind ein ungleiches Geschwisterpaar welches sich dasselbe Bett teilt und sich des Öfteren sehr nahe steht!« Dies waren mitunter die letzten Worte, welche sie wechselten. Von da an ging nämlich alles sehr schnell. Beide, Togarma und Lukas, wurden urplötzlich aus ihren unterschiedlichen Welten gerissen.

Raffaela hatte es sehr leicht, sich seinen Geburtstag zu merken, da er am selben Tag und im selben Monat wie ihr Exfreund geboren war, nur eben acht Jahre später. Ihre Mutter durfte an ihrem dreiundfünfzigsten Geburtstag, wie bereits bei allen vorangegangenen, der ganzen angetrabten Verwandtschaftsschar wieder einmal unter Beweis stellen, wie es um ihre Kochkünste stand.

Im ganzen Haus ging es zu dieser Zeit zu wie im Hühnerstall vor dem Haus. Ein jeder der neunköpfigen Familie schien nervös zu sein und diese Nervosität schien im Teufelskreis von der bald dreiundfünfzigjährigen Mutter über den Vater, über die frischverliebte Raffaela, über deren Schwester Donatella, bis zu den restlichen fünf männlichen Geschwistern überzugehen und erst bei den Haustieren angelangt zur Ruhe zu kommen.

»Wenn es keinen Gott gibt, nie einen gab, wieso fehlt er uns dann so sehr?«, fragte klein Viktoria – von allen Vickie genannt – ihre Mutter Eva Maria, die sich auf einmal nicht mehr als schlagfertig vorkam und die Hinauszögerung einer Antwort befürwortete. Eva Maria war auch noch da und brachte ihre beiden kleinen Töchter mit, Viktoria und Stefania. Diese Nachbarin war eine gerngesehene Person im Hause von und zu Hofbauer.

Und ich rief mir in Erinnerung, das kleine Rätsel, welches bis zum jetzigen Zeitpunkt als nicht gelöst galt und aus Kindertagen stammte: Warum werden die Weihnachtsbäume bereits Ende November gefällt und liegen dann in enges Netz gehüllt kreuz und quer bis Mitte, Ende Dezember herum? Verlieren die Tannen darum so rasch ihre Nadeln? Es war heute schließlich der vierte Adventssonntag, an dem meine Mutter Aurelia ihr wiederkehrendes Wiegenfeste feierte. Womöglich war es einer der letzten Geburtstage, den ich an ihrer Seite mitfeiern konnte, zumindest was die nächsten fünf Jahre betraf. Ich beabsichtigte es nämlich meinem älteren Bruder gleich zu tun, welcher begann, in der Weltgeschichte herumzureisen. Nicht ganz mochte ich es ihm gleich tun, abgesehen von der kolumbianischen Gefangenschaft irgendwo in den Wäldern des Chocó, wo er bis zum heutigen Tage als vermisst gilt.

Würde ein Außenstehender gerade in diesem Moment durch unser Haus laufen, welches einem Bienenschwarm gleich kam, würde er Gelegenheit bekommen, die unterschiedlichsten Wortfetzen aufzuschnappen. Ich möchte hier für alle Hausfremden nur zwei Beispiele nennen: »Ach, manchmal fühle ich mich einfach zu intellektuell!« würde der typische Ausspruch des jungen Benjamins sein, welcher seinem hebräischen Namen und dessen Bedeutung gerecht wurde und wirklich der jüngste Nachkomme unserer Sippe ist. Und Jonathan, einer der ältesten der Bruderschaft, welcher sich definitiv zu lange in englischem Terrain aufgehalten hat, würde darauf meinen: »I consider wasps to be female because they hurt!« – »Ich betrachte Wespen als weibliche Geschöpfe, weil sie weh tun!«

Das waren längst nicht alle vorlauten Familienmitglieder. Da gibt es nämlich noch Ephraim, den zweitältesten:»No tenemos gasolina, no tenemos cocaina, pero tenemos a harina!« Er würde als haubenloser Hobbykoch durch die ganze Küche huschen und seinen wahrscheinlich selbst komponierten Ohrwurm für seine nicht spanischsprechende Schwester Teresa übersetzen, die ihren Namen jedoch ohne stummes h, also recht spanisch, schreibt: »Wir haben kein Benzin, wir haben kein Kokain, aber wir haben Mehl! Und mit diesem Mehl zaubere ich meiner heiß geliebten Frau Mutter den schönsten und leckersten Geburtstagskuchen, den sie von einem Sohn bekommen kann!«

Scheuselmuhs Geheimnis

»Ein bisschen von diesem Zeug und schon bin ich fertig!« Man konnte aufgeregtes Schreien hören. Es kam von einer abgelegenen Höhle hoch oben am Berge Roroba. Jeder Dorfbewohner Kurigoas wusste, dass die alte Hexe wieder einen Trank braute. Ein unüberhörbares Fauchen. Nur wenige wussten, wer diese Laute ausstieß.

»Gut! Ein Trank, der dich in eine Fledermaus verwandeln wird«, sagte die Hexe halb lächelnd, halb die Zähne fletschend. »Scheuselmuh!«, rief sie mit ihrer krächzenden und alle Knochen durchdringenden Stimme. Scheuselmuh war ihr Kater. Schwarz wie die Nacht dunkel und genauso unberechenbar. Sie nannte ihn zeitlebens so, seit dem Tage, als er zum ersten Mal die scheußliche Milch trank, welche sie ihm mit dem Fläschchen einflößte. Die alte Hexe glaubte daran, dass ihre Herrin, die Sonne, der Milch ungewohnte Kräfte verlieh. Im Grunde wurde sie nur schneller ranzig. Doch Scheuselmuh war kein üblicher Kater. Klar, hatte er sieben Leben wie alle aus seiner Familie, nein, er besaß die Fähigkeit zu sprechen.

»Du hast die letzten Hühneraugen verbraucht, Luziana. Jetzt gehst du sicher in die Stadt um neue zu besorgen, nicht wahr?

Nicht wahr-wahr?«, fauchte er die bucklige Hexe an. Diese nickte und verabschiedete sich von Scheuselmuh mit einem Fingerwink. Kurz darauf befand sie sich am Fuße Rorobas. Sie konnte die Dorfbewohner eigentlich gut leiden, wusste jedoch nicht, dass diese sie aus tiefster Seele hassten und verabscheuten. Kurigoas Menschen fühlten sich vielmehr noch bedroht von Luziana und bereiteten sich bereits nach ihrem jeweils letzten Besuch auf ihren nächsten vor.

Denn jedes Mal wurde es merklich schlimmer und verhängnisvoller. An jenem Tag eilte die Hexe guter Laune und ein Walpurgisliedchen pfeifend nach Kurigoa. Ebendort suchte sie den Händler auf, der nicht zu verfehlen war, so sehr hatte ihn das Leben und seine Weltenbummelei gezeichnet.

Kurz darauf stand sie neben ihm. Doch was war das für ein außergewöhnlicher Käfig an seiner Seite? Derart Gittergerüst hatten ihre Augen noch nie zuvor erblickt. Und dessen Inhalt.

»Seid gegrüßt Luziana, darf ich euch mit diesen zehn von euch begehrten Hühneraugen behilflich sein, die sich in diesem leer erscheinenden Sarg befinden?« Welch' merkwürdiger Anfall von Blitztelepathie. Jetzt nahm sie erst wahr, dass der Käfig kein Käfig sondern ein Sarg und die Ansammlung von Schrumpfköpfen aller Größen und Formen übliche Hühneraugen waren. Sie nickte mehrmals. Herr Joshua, der fliegende Händler, öffnete wie in Trance den Käfig und Luziana, die alte Hexe, näherte sich in gleich monotoner Schrittfolge. Just in dem Moment, als sie sich bückte, um den benötigten Inhalt zu ergattern, spürte sie ruckartig einen heftigen Stoß von hinten. Und ehe sie sich versah, wurden ihr schon die Hände auf den Rücken gebunden. »Klack!« Das Schloss rastete ein. Sie saß in der Falle.

Bewegungsunfähig und in Fötusstellung sah sie nur aus den Augenwinkeln, dass sich mehrere Männer um den Käfig platzierten. »Verflixt, verflucht, verdammt!«, schrie sie jammernd mit einem verzweifelten Akzent, der dem eines bettelnden Kindes nahe kam. Diese Halunken hatten sie nicht nur bewegungsunfähig, sondern auch unfähig gemacht, ihre Zauberkünste anzuwenden. Ihr waren beide Hände gebunden, die Energie konnte nicht mehr fließen. Die totale Blockade.

Die Dämmerung bedeckte diesen Freudentag Rorobas. Die Männer brachten Feuerholz neben das Käfig und diskutierten über den Zeitpunkt der Wachablöse. Diese Frau war gefährlicher als alles je da Gewesene. Sie aus den Augen zu lassen bedeutete höchste Gefahr. Erst am Folgetag sollte sie auf einen Karren geladen und zum König gebracht werden. Dieser würde ihr dann das Gericht machen. Luziana hörte das Murmeln der Männer und begann zu verstehen. Ihr Schicksal. Hier. Doch sie akzeptierte es nicht. Niemals.

Plötzlich vernahm sie ein Schnurren neben sich. Sie drückte ihre Wange dichter an die Gitterstäbe. Es war Scheuselmuh. Oh welch' Geschenk Helios. In seinem Maul trug er die Flüssigkeit. Wie eine Kobra öffnete er weit das Maul und spuckte die Flüssigkeit auf seine Herrin.

Geflatter. Aufgewirbelter Staub. »He, da fliegt eine Fledermaus Richtung Sonne!«, rief einer der Männer. »Unglaublich, zu dieser Zeit schon!«, ein anderer. Dann blickten sie allesamt auf den leeren Käfig und erschraken. Wie angewurzelt standen sie da. Zu Stein verhärteten ihre Herzen.

Joshua kam angerannt. Er sah die Fledermaus mit der Sonne vom Horizont verschwinden. Jetzt reagierte auch Scheuselmuh und rannte schnurstracks davon. Joshua, der Händler, folgte dem flinken Kater. Er verfolgte ihn bis zur Höhle der Hexe. Seitdem wurden beide nie wieder gesehen.

Zwei kleine Embryos unterhalten sich im Bauch ihrer Mutter

Sag mal, glaubst du an ein Leben nach der Geburt?

Aber sicher doch. Nach der Geburt muss ganz bestimmt was sein. Ich denke, wir sind jetzt hier, damit wir uns auf das, was kommt, vorbereiten können.

Es ist schon blöd, dass es kein Leben nach dem Geborenwerden gibt. Wie auch immer, wie glaubst du, ist so etwas überhaupt möglich?

Ich weiß es leider auch nicht genau. Aber ich bin mir sicher, dass dort mehr Licht ist als hier drinnen. Dort ist es ganz sicher voll hell. Und vielleicht werden wir dort mit unseren Füssen laufen und unseren Mund zum Essen benutzen können.

Das ist ja völliger Quatsch. Laufen ist unmöglich. Und mit dem Mund zu essen – ha, das stell ich mir voll witzig vor. Wir werden immer durch die Nabelschnur ernährt werden. Aber ich sag dir jetzt mal was: Es steht ohnehin außer Frage, dass es ein Leben nach der Geburt gibt, denn die Nabelschnur ist jetzt schon viel zu kurz!

Aber, aber da wird es etwas geben. Ich bin mir ganz sicher. Nur, dass alles etwas anders sein wird als hier und als wir es eben gewohnt sind.

Aber von dem Ort, von dem du immer sprichst, ist noch NIE jemand jemals zurückgekehrt. Mit der Geburt ist das Leben ganz einfach zu Ende. Ich bin der Meinung, dass das Leben nicht viel mehr ist als ewig im Dunkeln zu tappen.

Ich weiß es ja auch nicht genau, wie es sein wird, wenn wir geboren werden. Aber ich glaube ganz fest daran, dass wir dann unsere Mama sehen werden und sie wird sich dann ganz toll um uns kümmern.

Unsere Mama? Glaubst du etwa an Mami? Und was glaubst du, wo sie denn jetzt gerade ist?

Hmm, überall um uns herum. Wir leben in ihr und haben ihr schließlich unser Leben zu verdanken! Ohne sie würden wir gar nicht existieren. Ohne sie gäbe es uns beide gar nicht. Das ist ein Ding der Unmöglichkeit, das kannst du mir ruhig glauben!

Da bin ich ganz anderer Meinung. Ich hab noch nie so etwas wie eine Mutter gesehen. Noch NIE! Somit liegt es auf der Hand – schwarz auf weiß – dass es sie nicht gibt und sie nicht existiert!

Aber manchmal, wenn wir ganz leise sind und mal keinen Schluckauf haben, können wir sie singen hören. Und wie alles um sie herum so geschieht. Weißt du, ich glaube ganz fest, dass das wahre Leben nur noch auf uns wartet, nach dieser Zeit hier ...

Capítulo Dos:
Pure Poesie

Cuidado con los falsos profetas,
que se te acercan con piel de corsero,
mas por dentro son lobos voraces.

Beware of false prophets,
Which come to you in sheep's clothing,
For inwardly they are ravening wolves.

Mefiez-vous de faux prophètes
Que ont l'apparence d'agneaux
Mais qui sont, en fait, des loups affamés.

Hüte dich vor falschen Propheten,
die im Schafspelz zu dir kommen,
denn im Inneren sind sie beutehungrige Wölfe.

Hurra, der GIS-Mann ist da!

Er: Grüaß Gott, GIS!

Ich: Soll mir das was sagen?

Er: Gebühreninfoservice des ORF, ich will...

Ich: Danke ich bin über Gebühr informiert.

Er: Dann ist Ihnen klar, dass Sie für Rundfunk-
und Fernsehgeräte Gebühr zahlen müssen?

Ich: Und?

Er: Ich habe hier keine Anmeldung.

Ich: Ach so?

Er: Na gut, sagen wir, Sie haben vergessen, und ich trag Sie ein,
Sie unterschreiben und zahlen ab nächstes Monat.

Ich: Wer ist wir?

Er (irritiert): Na, Sie und ich.

Ich: Ich denke nicht, dass ich so etwas gesagt habe.

Er (noch mehr irritiert): Das war ein Angebot von mir.

Ich: Kann ich nicht annehmen.

Er: Sie wissen, dass die GIS teilweise der Finanzprokuratur
gehört, also ganz leicht pfänden kann?

Ich: Wieso pfänden? Aus welchem Anspruch?

Er: Na, weil Sie Schwarzseher sind.

Ich: Sagt wer?

Er: Darf ich hereinkommen...

Ich: Nein, danke. Ich will heute keinen Besuch haben.

Er: Ich will nur schauen, ob Sie Empfangsgeräte haben.

Ich: Nur von draußen, wenn Sie in die Wohnung kommen,
mache ich von meinem Hausrecht gebrauch.
*(Anm.: Juristischer Blödsinn, aber eine Formulierung,
die bei vielen Klinkenputzern einwandfrei funktioniert.)*

Er: Drohen Sie mir?

Ich: Das war ein Hinweis, keine Drohung.

Er: In jedem Fall wird der GIS wegen des Schwarzsehens
gegen Sie vorgehen.

Ich: Frage nochmal: Wieso?

Er: Ich sehe das führt zu nichts.

Geht ab und verschwindet links hinter der Mauer.

Nicht okay

Ich finde es nicht okay, dass ich mit meinen 65 kg am Flughafen für 3 kg Übergepäck 40 Euronen zahlen muss und dass das super-sized 120 kg Schweinderl hinter mir einfach so ins Flugzeug reinmarschieren darf.

Ich finde es auch nicht okay, dass ich mit meinen Kranken-kassenbeiträgen die Behandlung von Menschen finanziere, die für ihre Misere (Übergewicht, kein Sport, rauchen, saufen, kiffen) größtenteils selbst verantwortlich sind.

Ich finde es nicht okay, dass korrupte ehemalige Innenminister erst mit Gewalt zum Rücktritt getrieben werden müssen.

In diesem Zusammenhang finde ich es auch nicht okay, dass ein KHG immer noch keine gesiebte Luft atmet.

Ich finde es nicht ok, dass ich so vieles nicht ok finde!

And no borders too

Beim Passieren der Grenze überkommen mich gemischte Gefühle. Freude und Trauer zugleich. Freiheit mit einer Spur von Zwang. John Lennons Traum ist endlich Wirklichkeit geworden. Man stelle sich nur vor... Hoch lebe Schengen ... und die Einwilligung der Eidgenossen!

An jenen Grenzen haben sich bis vor kurzem Schicksale ereignet. Es wurden Familien zusammengeführt oder getrennt. Über ein Wiedersehen oder einen Abschied für immer entschied meist nur ein uniformierter Beamter, der einmal die flache Hand dem Passanten entgegen streckte, anstatt wie bei den anderen 99 mit einer gelangweilten Geste durchzuwinken. Vor ein paar Dekaden war ein »J« auf dem Pass ein definitives

Nein und somit das sichere Todesurteil. Nur sehr wenigen gelang die Flucht in einer Nacht- und Nebelaktion, denn Grüningers gab es leider viel zu wenige und die Eidgenossen demontierten absichtlich Ortstafeln, damit sich die Flüchtlinge nicht mehr zurechtfinden konnten. Grüningers waren nämlich Menschen mit Courage, die den Mut hatten und nicht wie all ihre Gefährten wegschauten oder mitmachten...

Gemischte Gefühle überkommen mich beim Passieren der Grenze. Trauer, weil alles bereits in Vergessenheit geraten ist und ich befürchte, dass sich die Geschichte wiederholt – auf die eine oder eben andere Weise. Wir haben alle möglichen Diktaturen und Kriege überstanden, Faschismus, National-sozialismus und auch den Kommunismus endlich hinter uns gelassen, stecken heute voll im Wegwerfgesellschafts-materialismus und werden zusehends immer schlimmer bedroht von einem radikalen Islamismus, wo wir wieder bei Faschismus sind und beim Hamsterrad Geschichte.

Gemischte Gefühle überkommen mich beim Passieren ebendieser Grenze, bei der sich zwei Flaggen treffen und Grenzbäume wie Zinnsoldaten parat stehen. Der Traum eines vereinten Europas wurde lebendig und das Fortbewegen und Reisen ist so einfach und bequem wie noch nie. Denn schlussendlich ist das Leben eine Reise und wenn wir nichts bewegen, dann ändert sich nichts! Viva la vida!

Duale Wirklichkeit

Der wahre Grund weshalb weder Nachbarin Natalie noch ihr Auto seit Mitte vergangenen Monats zuhause anzutreffen waren heißt nicht Urlaub sondern »Unfallbericht«. Ein 21-jähriger Betrunkener Lenker hatte Nachbarin Natalie frontal gerammt, als er in einer Kurve gegen 23.45 Uhr auf die Gegenfahrbahn kam. Beide Lenker mussten ins Landeskrankenhaus Feldkirch eingeliefert werden.

Jeder Tag ist sowohl Neuanfang als auch Abschied, ein »Hallo«
und ein »Lebe wohl« zugleich, ein Geborenwerden wie auch ein
gleichzeitiges Sterben. Denn die Tage sind gezählt und kostbar
wie das Leben selbst. Deshalb lasst uns nicht vergessen, woher
wir kommen, wer wir waren und zu wem wir wurden und
was wir sind und wohin wir gehen an uns unbekanntem Tag
zu ungewisser Stunde. Jeder noch so unbedeutend wirkende
Moment ist einzigartig wertvoll, birgt er doch die Frage in sich,
ob es der Letzte ist und ob noch Zeit zum Abschiednehmen
bleibt …Wohl kaum!

Frei sind die Minimalisten, die sich nie als Materialisten
bezeichnen würden. Könnten sie auch nicht, da sie nach
buddhistischer Tradition alle vier Jahre aufs Neue wieder
all ihre Habseligkeiten verschenken – ihr Schrottauto und
Blechfahrrad, ihren Billiglaptop und die Holzbank im
Esszimmer. Sie wissen am Besten, wie lecker Freiheit
schmeckt und wie befreiend dies ist und welch unglaub-
licher Zauber in jedem Neuanfang wohnt!

Gedankentohuwabohu

Er fragte sich ernsthaft, ob eine Pflanze wohl überlebensfähig
wäre, wenn diese ausschließlich von menschlichem Harn
getränkt werden würde?

Sie fragten sich, warum in jedem italienischen Hotel, das sie
bislang aufgesucht hatten, sie im Badezimmer immer ein Bidet
vorfanden. War es wirklich eine Tatsache, dass Italiener sexuell
so aktiv sind?

Es stellte sich als töricht heraus, in der Duschkabine hemmungs-
los zu furzen, denn selbst sogenannte »Schokoladenfürze«
stellten sich als weniger wohlriechende Leibeswinde heraus.

Gibt es etwas Unangenehmeres als einen mit Salzwasser gefüllten Hotelpool? Da verzichten wir gerne darauf und schwimmen stattdessen im Meer. Für ihren Freund war es ein richtiger Luxus, wenn statt Sand am hoteleigenen Strand Gras war. Er hasste nämlich Sand.

Sie hörten die Nachbarn laut stöhnen und waren von dieser Geräuschkulisse derart angeturnt, dass sie es gleich auch selbst trieben.

Diese Zeilen bestätigen, dass wir mindestens zehntausend Gedanken am Tag haben – ob wir wollen oder nicht. Es handelt sich dabei um klare, wirre, verrückte oder zukunftsweisende. Sie kommen einfach – unangekündigt, ungeschminkt, ungeniert und wenn wir sie nicht aufschreiben, gehen sie wieder, wie sie gekommen sind und sind einfach weg.

Morgenstund hat Gold im Mund

Die Straßen sind nasskalt
Doch für den herabfallenden Schnee
bergen sie noch zu reichlich Wärme
der ersten Sonnenstrahlen des immer
erneut zurückgedrängten Frühlings.

Zenturien von Regenwürmern liegen regungslos
in den Gassen und Seitenstraßen herum
Legionen mit bereits enthauptetem Legat
schlängeln sich auf den Hauptstraßen wenn
erst der Regen ihre Macht ans Tageslicht bringt.

Die wenigen Zweibeiner welche sich raus auf
diese glattgliedrigen Pfade begeben müssen
kommen geschützt in Gefährten mit zwei oder mehr
Rädern angerollt, bewusst gewappnet um die langen
Soldaten einen nach dem anderen zu zermalmen.

Doch gezielte Gewalt zeugt nur noch mehr davon
und schürt neu aufflammenden Hass und pure Wut
Wurde der alte Legat dem Erdboden gleichgemacht
Wird im selben Moment ein anderer, schlimmerer geboren
aus den Überresten seiner Glieder. Was für eine Plage!

Und auf allen Straßen stinkt es bestialisch nach Regenwurm!

Keine kleine Fabel
                    ...über uns Menschen
                    und unseren Umgang
                    mit Mutter Natur.

Eine kleine Schilderung
                    ...der Ereignisse
                    aus Nahost: Wie die
                    israelische Armee den
                    Hamas-Führer beseitigte.

Und sie riefen: »Wir alle sind Scheich Jassin!«

Wilfried will Frieden schließen

Herr Frieden ist ein Einzelgänger.
Er ist unbeliebt bei Alt und Jung.
Durch seine offene, ehrliche und
unkomplizierte Art, seinen durchaus
vollkommenen Charakter wird er
von allen Seiten beneidet bis
bemitleidet. Man sieht ihn recht
ungern, denn er hat alle Macht
der Welt, um versteinerte Herzen
wieder zu neuem Leben zu erwecken.
Er kann die größten Krankheiten der
Menschheit – Hass, Neid und Eifersucht –
zeitgleich heilen und ausrotten.

Seine Worte sind Balsam für jede Seele.
Anstatt Gewalt auszuüben weiß er sie geschickt
einzusetzen und setzt stets nur gute Taten.
Dem Herrn Frieden muss ein Ende bereitet werden.
Es gibt nur eine Lösung für dieses immer größer
werdende Problem, das immer mehr Anhänger findet:
Jetzt sofort, wählt die Farbe Pink. Die Partei »Kraft Europas«
bringt euch die unmittelbare Lösung: »Kreuzigt ihn!«

Frieden ist etwas himmlisches, göttliches, von welchem jede
Seele ein Sandkorn besitzt – oft ohne sich darüber im Klaren zu
sein.
Im Grunde strebt jedes Wesen nach diesem Frieden, primär
nach dem Inneren und dann nach dem Allgemeinen. Es gibt
viel zu viele Waffen, die ständig dem Frieden Kriegserklärungen
unterbreiten. Viel zu viel an Ungerechtigkeit, Schmerz, Elend
und Leid.

Erst wenn ein Stein auf dem andern ruhen kann,
wenn nicht mehr im Namen des Herrn gemordet,
Kriege geführt werden,
wenn Religionen und Glaubensrichtungen endlich
zu etwas Freiwilligem werden und sich nur mehr
im privaten Bereich abspielen – wo sie hingehören,
wenn die Mächtigen und Reichen der Welt Nächstenliebe
zeigen und von ihren Ego-Tripps ablassen,
wenn Frieden als etwas Gutes gesehen wird, und nicht
einfach als das Gegenteil von Krieg, und alle Nationen
aus ihren historischen Fehlern gelernt haben,
dann wird endlich FRIEDEN DIESE WELT REGIEREN!

...Und dieser Tag wird der Hochzeitstag von Herrn Frieden
und Frau Liebe sein!

(Dies ist übrigens genau der Tag, auf den ich warte, und in den
ich all meine Hoffnung setze – dass wir ihn alle noch erleben
mögen!!!)

Paralleluniversum?
Oder: Wie zwei alte kalte Eisenbahnschienen?

Unsere Beziehung gleicht
immer mehr
der Konstruktion
von Eisenbahnschienen.

Wir laufen parallel
nebeneinander –
immerhin nicht hintereinander –
jedoch den selben Weg und
bewegen uns –
immerhin in die selbe Richtung –
doch mit stetig konstantem Abstand
zueinander.

Selbst
in der Kurve
kommen wir
uns
nicht näher.

Nenn' es die uns aufoktroyierte Pflicht
die
wir
zu erfüllen
haben.

All der öffentlichen
Augen
und
Gerüchte
wegen.

Apropos Apostel Anaton

Ich bau mir ein zivilisiertes Klo aus Schnee
und pinkle unzivilisiert in die Freiheit.

Aragon war ein edles Königreich
und ich bin dessen wiederkehrender Prinz.

Bücher bereichern die Seele, doch lebt erst der,
welcher nicht verlernt, wie ein Kind zu sein.

Elben weilen unter uns, doch Dumbo flog auf und
davon und ward nie mehr gesehn.

Die Nacht zieht ihren Schleier übers Erdenzelt,
das von des Mondes Sichel durchtrennt.

Behutsam küsste sie den Sternenstaub von
seinem Antlitz, das weiß war wie seine Seele.

HassLiebe

Die Liebe und der Hass
sind ein ungleiches Geschwisterpaar
welches im gleichen Bett schläft
und sich oft sehr nahe steht!

Das letzte Ma(h)l

Immer weniger Leute stressen
in die Messen
um ihren Gott zu essen!

Der Tod als Ende von Allem

Bruder um Bruder, Schwester um Schwester
wie du es in den Wald hinein rufst
echots zu dir zurück.

Kein Stein wird auf dem andern ruhn
bis Er wieder kommt und einige unter uns
vom Baum des Lebens kosten dürfen.

Sodom und Gomorra sind ertrunken
doch die neue Erde war fruchtbarer Boden
für neue Städte: Las Vegas, Tijuana, Amsterdam.

Das Buch der Katastrophen steht noch offen
von Menschenhand Erschaffenes wird von
selbiger wieder zerstört werden.

Und wie einst sagte der große Dichter Shakespeare
ist der Tod das Ende von allem
so wie in jedem Anfang ein neuer Zauber wohnt.

Dunkle Augen

Können in die Sonne schauen
ohne geblendet zu werden
brauchen keine Sonnenbrille
...und Babys blinzeln nicht!

THIS LIFE – Dieses Leben

Zerreißt mich. Werde ich dem stetigen Wandel aller Dinge
gewachsen sein oder jeden Frühling und Herbst hin-,
jeden Sommer und Winter her-geschüttelt werden??
Liebte ich das Schaukeln, als ich noch in Kinderschuhen steckte,
wird mir heute davon rasch übel. Oder liegt das einfach daran,
dass der Birkenbaum fahl geworden ist und sein Stamm von
innen heraus verfault??
Ich bin es leid, im Mai noch immer den Schnee auf den
Bergen erblicken zu müssen. Fällt es mir nun mal schwer
einzugestehen, dass es doch noch Gletscher gibt, auch wenn
sie immer kleiner werden, wie der Regenwald in Brasilien.
Bin ich jedoch nicht der Einzige mit grünen Augen und hellem
Haar. Und in der Nacht sind sowieso alle Katzen schwarz.
Sie unterscheiden sich lediglich am Funkeln ihrer Augen.
Ich möchte mein Antlitz verbergen vor dem wärmenden
Sonnenlicht. Kein wolkenlos blauer Himmel wollen meine
Fenster heut erblicken.
Es fällt mir schwer zu schweigen, doch Mutter Natur lehrt
mich darin neu. Wie isländische Nordlichter lieg ich die Nacht
über wach, denn Schlaflosigkeit liegt wie ein Fluch in der
nebelgeschwängerten Luft begleitet vom Wehen des Ostwindes.

Die Duschtür steht offen, der Brausekopf liegt am Boden

Die Zeit an deiner Seite
glich einem Himmelfahrtskommando!
Oft entsinne ich mich zurück
an die unzähligen Nacht-und-Nebel-Aktionen
welche alle unglimpflich ausgingen.
Doch heute komme ich nicht mehr
dauernd auf dem Zahnfleisch angekrochen,
sondern habe gelernt, was es heißt, wirklich zu leben!

Ägäis

Und irgendwo
an einem Strand
in Griechenland

lag sie plötzlich
vor dir im Sand
und sie war dir

sofort bekannt
weil eure Seelen
miteinand' verwandt!

Der Tag an dem wir verlernten, Geschichten zu tradieren ...

Geschichten aufbewahren anstatt zu vergessen -
auch wenn sie heute nicht mehr gesungen werden.
Sie weiter erzählen und sich neu erzählen lassen.
Von Abraham bis Mose bis zu Jesu und zu Paul.
Von den Psalmen, über das Hohelied, bis zu den Gleichnissen.
Zuhören anstatt gleich zu kritisieren.
Überdenken vor einem etwaigen Debattieren.
Glaube kann durch Geschichten wiederbelebt werden.
Vergessene Geschichten durch Glauben
erneut ins Gedächtnis gerufen.
Schließ deine Augen und lass neue Bilder entstehen.
Habe Mut und begib dich auf die Reise –
denn übers Wasser gehen kann erst der,
der den Schritt aus dem Boot wagt!
Und wer wagt, der oft auch gewinnt ...

FAITH

Mein Gott, mein Gott,
warum hast du mich verlassen?
Großvater liegt im Sterben.
Wird der Krebs stärker sein als du?
Bitte schick uns eine Antwort,
gib uns ein Zeichen.
Glaube kann doch Berge versetzen!?
Nur meinen anscheinend nicht!
Was ist heilig?
Woraus besteht die menschliche Seele?
Dein Wille geschehe,
Adonai, Abba, Vater.

WIN-WIN-SITUATION mit G-TT

GOTT ZUR REDE ZU STELLEN WILL ICH!
ICH VERSTEHE ES NICHT;
WIE KONNTEST DU DAS NUR ZULASSEN?
WIESO WAREN WIR MENSCHEN SO UNSOLIDARISCH?
SO VIEL LEID ENTSTEHT AUS SCHLICHTER TORHEIT.
DAFÜR GIBT ES EINFACH KEINE RECHTFERTIGUNG.
WENN DU NICHT ALLE RETTEN KANNST,
DANN RETTE WENIGSTENS MICH,
SEI INFLUENT IN MEINEM LEBEN,
NIMM DICH MEINER AUTONOMIE AN – TRAGE MICH
UND HILF MIR AUS DER LÖWENGRUBE
DES DANIEL EMPOR ZU STEIGEN!
ICH VERSPRECHE DIR DAFÜR ZU TUN,
WAS IMMER DU WILLST.
NUR TOM UND TIM STREIKTEN,
ALLE ANDEREN BETEILIGTEN SICH AN DER HASENJAGD.
DIE MÖHRENMÖRDER EMPFANDEN WAHRE STERNSTUNDEN
ES ZOG IHNEN IM WAHRSTEN SINNE DES WORTES
DIE SCHUHE AUS!

Einladung zur Hochzeitsreise

Wenn deine Welt Kopf steht
Und alles zerbricht,
wenn auf grau nur grau folgt
und du dich selbst nicht mehr siehst:
Dann nimm deine Seele,
versteck sie in einem Buch,
trag sie auf den Gipfel eines Berges,
schenk sie der Liebe einer Frau.

Ich lade dich ein
zu einer Hochzeitsreise
ins Reich der Träume:
Wo das Meer noch nach Meer riecht,
Wellen tosend um die Wette eilen,
und wo Jude, Christ und Moslem
in Frieden miteinander leben,
ohne ihre Gotteshäuser zu schänden
oder gar nieder zu brennen.

Die Jugend von heute

Früher
    band sich die Jugend
        noch ihre Schuhe zu.

Heute
    lässt sie sie offen.

Na, weil es heute eben mehr braucht,
um einen aus den Schuhen zu ziehen!

Die Schwester der alten Hure

Fühl mich besoffen
Mitten im Herz <3
Hast mich getroffen
Stark ist der Schmerz

Wehklagend m1 Leid
An die N8igall
Denn keiner ist gefeit
Vor dem Urknall

Das Ende wurde längst prophezeit
Durch Schreie ohne Hall
Schön, dass ihr auch dabei seid
Gemeinsam bringen wir sie zu Fall
Denn das ist der Anfang vom Ende
Der längst begonnen hat
Schön wär's, wenn ich den Tunnel fände
Damit wir alle werden satt

Sterben muss sie – ein für alle mal
Ich schwör dir, ich scher
Die Hure Babylon kahl
Und keiner leidet dann mehr

Kurzgedicht für vergessliche Schüler

»Nicht für die Schule, sondern fürs Leben lärmen wir!«

CAPERUCITA

Er kommt
Der Wolf
Er will
Dich fressen

Renn' Rotkäppchen
Um dein Leben

Berühr' nicht sein Haar
Sieh' ihm nicht ins Gesicht
Denn das Wölflein
Hält nicht was es verspricht!

Spätfrühlinghafte
Schmetterlingsmomente

Ein einzelner Regentropfen
Fällt leise und geradlinig
In den ewigen Ozean
Und zieht kleine Kreise um sich
Welche sich verselbstständigen.

Ein sich liebendes Ehepaar
Zeugt einen Nachkommen
Mit Hingabe und Leidenschaft
Und bemerkt immer öfter
Wie viel Sinn dadurch ihr Leben erhält.

Eine Schar Wildgänse
Zieht vergnügt gen Süden
Begleitet durch reichlich Rückenwind
Und baut Nester für den Zeitraum
Der mit der Rückkehr in ihre Heimat endet.

Ein kleiner, verspielter Junge
Blickt neugierig durch sein Teleskop
Passt seine Iris der Dunkelheit an
Und ist fasziniert von den Sternenbildern
Die er sich ganz fest entschlossen einprägt.

Eine Wiese voller Tulpen
Blüht in ihrer vollkommenen Farbenpracht
Reckt und streckt sich mit Mutter Sonnes Gang
Und wartet bis der laue Abendwind kommt
Um gemeinsam mit der Nacht zu kampieren.

Zwei junge Pinguine auf einer Eisscholle
Spielen vergnügt im glasklaren Wasser
Schwimmen tauchend um die Wette
Und vergessen unwissend die Zeit
Welche genauso inexistent ist wie der Raum.

Ein altes sich liebendes Pärchen
Geht gemeinsam Seite an Seite zu Bett
Wie all die Tage und Jahre zuvor
Und stirbt noch in derselben Nacht
Als sich ihr gemeinsamer Traum erfüllt.

Eine kleine unerfahrene Welle
Rennt hurtig und furchtlos dem Ufer zu
Kostet den Übergang von Flut auf Ebbe
Und wird sogleich wieder zurückgeworfen
Ein Stück weiter als dort wo sie ihre Reise begann.

Z-O-R-N

Ich habe meinen Z-O-R-N gegessen,
gefrühstückt hab ich ihn heut morgen.
Habe ihn hinunter gewürgt, durch die Speiseröhre,
vorbei an Mandeln und Kehlkopf.
In meinem Magen ist er dann gelegen, fleischschwer.
Die Magensäfte haben begonnen ihn zu verdauen,
langsam, mit all ihren Säuren, haben sie versucht,
ihn zu zersetzen. Stück für Stück!
Mein Magen fing an zu rumoren ... und mir wurde schlecht.
Ich habe ihn wieder erbrochen.
Jetzt liegt er erneut vor mir, mein Z-O-R-N.
Und ich weiß nicht – um Himmels Willen – wohin damit.

Ich habe meinen Z-O-R-N hingerichtet,
ich habe ihn an eine Mauer gestellt, mit dem Gesicht zur Wand.
Ich habe gezielt, die Waffe entsichert,
habe ihm noch einen letzten Wunsch zugestanden (er hatte keinen!)
und dann habe ich abgedrückt.
Ich war erstaunt, wie leicht das ging. PENG!
Ich habe ihm einfach den Kopf weg geschossen.
Er fiel um, leise – ohne dabei aufzuschreien.
Er nahm sein Haupt, setzte es sich wieder auf die Schultern,
und lachte mich an und nahm mich bei der Hand
und ich weiß nicht wohin mit ihm?

Ich habe meinen Z-O-R-N ausgesetzt,
ich hab ihn ins Auto gepackt
und bin an eine einsame Raststätte gefahren.
Ich habe ihn angebunden, hinter den Toiletten.
Ich habe ihm noch etwas Wasser hingestellt,
damit er nicht verdurstet,
bis ihn jemand findet, und ihn mitnimmt,
und ihm ein neues Zuhause gibt.
Dann bin ich gegangen,
ohne mich ein einziges Mal umzudrehen.
Ich bin auf direktem Weg nach Hause gefahren.

Zwei Stunden später läutete es an meiner Tür.
Ich öffnete abrupt. Man erklärte mir, dass man ihn gefunden hätte,
meinen Z-O-R-N, dank der Adresse
um seinen Hals konnte man ihn mir
wohlbehalten zurück bringen. Ich sagte dank, gab dem Finder
keinen Lohn, sondern setzte mich direkt in meinen Sessel und
er legte sich auf meine Füße.
Wohin mit meinem Z-O-R-N? Ich weiß es wirklich nicht!

Ich bin müde und geschlagen,
nehme alles hin,
es ist mir s-c-h-Eiß egal
du s-c-h-Lampe was passiert,
mit mir – mit dir – mit all der Welt.
Ich will nur schlafen, als wäre ich tot,
will mich in meinem Bett, das viel zu weich ist,
aber daher gut geeignet um mich zu vergraben und zu träumen.
Gehe stumpf durch den Tag und döse im Nebel der
Alltäglichkeiten – angepasst, verloren, verraten.
Da spannt er seine Muskeln, setzt zum Sprung an und,
ich öffne die Augen,
ich gebe nicht auf,
ich sage N-E-I-N,
ich wehre mich,
ich kämpfe, ich hasse,
ich schreie, ich weine,
schluchze,
und ich suche
und suche und
suche und suche
und deshalb
L-E-B-E ich
G-L-A-U-B-E ich
T-A-N-Z-E ich
L-I-E-B-E ich – D.I.C.H.

Wohin mit meinem Z-O-R-N?
Wohin ohne ihn?

ANGST ESSEN
BÜRGERRECHTE AUF

IRA, ETA, AL KAIDA!
PKK, Islamischer Jihad, Hamas!
Lauschangriff und Rasterfahndung!
Einschneidendere Gesetze ohne Widerspruch!
Globale Bedrohungsszenarien!
Terroranschläge in allen westlichen Hauptstädten!
Rom ist als Nächstes dran! Und dann Bern!
Lega Nord fordert Kriegserklärung!
Gegensätze zwischen Arm und Reich ins Auge fassen!
Mangel an Demokratie und Rechtsstaatlichkeit
führt zu purer Gewalt!

Rassismus ist keine Einstellung, sondern ein Verbrechen!

Und der sog. »IS«, der Islamische Staat, kam –
durch offene Grenzen – verbreitete Angst und Terror –
damit wieder Zäune und Mauern errichtet werden würden!
Und der Rechtsruck in Europa nahm neue Dimensionen an.

SMOKING SOCIALISES!?

Raucher haben mir gesagt, dass jemand, der raucht, immer
mehr Leute kennt und mehr soziale Kontakte hat, als ein
Nichtraucher.

Meiner Meinung nach ist es ähnlich bei Musikern: Sobald
jemand eine Gitarre hat, sie in die Hand nimmt und zu
spielen beginnt, dauert es nicht lange, bis jemand anders dazu
kommt und zuhört oder sogar mitsingt. Wiederum jemand
anders nimmt dann selbst die Gitarre in die Hand. Es werden
verschiedene Griffe, Schlagmuster und Techniken ausgetauscht.
Das ist »voneinander Lernen« in seiner ursprünglichsten und
kreativsten Form!

Gorgeous men

Produce a rusty whisper
Like a lake of delirious symphony
On a moment of eternity
To manipulate a frantic woman

And always elaborate
Girls tiny butts
In this garden of
Thousand diamonds

Please worship love
Beneath sweet licks
By running through an
Enormous forest of spring

It wasn't me!!!

Can u save the last dance 4 me?
U know I'm not livin' life in agony!

Sometimes we smoke away our problems 'n our lives
The night is young, music loud 'n our souls full of lite.

Did u know u caught my eye the 1st moment we met?
Live is short, deep conversations rare 'n Martini sometimes red.

Can't find the right words 2 express my feelings
Finding a soul-mate is the brightest gift 4 healing.

This can't b considered as a matter of fate
As life consists of 2 b planned 2 find such a soulmate.

It's always of more sense 2 tell the truth
If u ever need me, please remember: My heart will always beat
4 u.

Bohemian Rhapsody Reloaded

I'm longing for
my past bohemian life
and also for days which have been
too wild and therefore coulnd't have survived.
I also do remember well
when I worked throughout without any magic spell away the
night under artificial light!

Bitter sweet taste on your eye

The bitterness
on my tongue
won't tell you
what is wrong.

Have seen darkness
in one eye
didn't cut onions
but had to cry.

In a moment
of bad distress
I could feel
pure happiness.

Die entblößte Muse
der schönen Künste

Musiker, die die Musik verraten
und ihre Seele,
weil, wie kann etwas seelisches
beliebig oft reproduziert werden?

Künstler, die ihre Kunst verraten
und ihre Seele,
denn, wie kann Ausdruck deiner selbst
einen Preis haben?

Sportler, die den Sport verraten
und ihre Seele,
weil, wenn es um etwas geht
ein Spiel kein Spiel mehr ist!

Und Sport nicht mehr Sport
und Kunst nicht mehr Kunst
und die Musik keine Musik mehr ist.
Nur Geld. Nur Macht. Ohne Seele.

Richtige Musiker findest du nicht auf den großen Bühnen.
Richtige Künstler tummeln sich nicht auf Vernissagen.
Richtige Sportler gehen nicht zu den Olympischen Spielen.
So findet man die schönsten Mädchen auch nicht unbedingt bei
Next Topmodel, sondern auf der Straße!

Als der Grashüpfer noch hüpfte

Es war schön mit dir zu tanzen –
Auch wenn es nur für so lange weilte
Bis der kleine Regentropfen,
welcher meine Träne war,
von der unerbittlichen Erdanziehungskraft
verschlungen wurde –
und doch kam es mir vor
als hätte die Hand der Unendlichkeit
meinen Arm gefasst.

Entlocke nicht noch mehr Salz deinen Augäpfeln
Sonst stirbt die Menschheit noch ganz aus.
Überfluten Ströme von trüber
Salzbrühe die wenigen Süßwasserseen.
Und lüge nicht, weil du anderen und dir selbst
damit weh tust,
denn ehrlich währt am Längsten
und nur Zeit vermag Wunden zu heilen.
Dein Blick soll nüchtern und klar sein!
Schenke Geschenke
des Herzens und friere
die vom schlechten Gewissen geplagten
tanzenden Menschen
im Supermarkt mit der einzigen
Wahrheit ein,
nämlich,
dass all die materiellen
Güter nur existieren,
um uns vom Tod abzulenken.

...aber das funktioniert ohnehin nicht!

Liebe von hinten wie von vorne

Seit ich denken kann, kritisiere ich immer alles: Klein kariertes Gsiberger-Häuslebauerdenken, Hippies, religiöse Menschen, Sportler, FPÖ-Wähler, Tussis, Punks, Kiffer, Alternative, Desinteressierte, Jammernde, Pseudointellektuelle, Banker ... Diese Liste ließe sich beliebig weiterführen.

Und dann bin ich zu diesen abstrakten Begriffen Menschen begegnet. Menschen wie du und ich. Keine hypothetischen Theorien, sondern Menschen, die sich jeder auf seine eigene Art Zugang zu meiner Welt verschafft haben und zum ersten Mal macht es Sinn zu versuchen zu verstehen, warum sie so denken, so leben und auch so sind ...

Und es ist nicht meine Meinung,

ich denke nicht, dass das wahre Glück ausschließlich in den eigenen vier Wänden oder im eigenen Garten besteht und ich mich nur richtig verhalte, wenn ich mit dem Strom schwimme wie all die anderen Eierlosen und nicht auffalle, doch fiel mir erst unlängst auf, dass ich im Laufe meines bisherigen Daseins dem klein karierten Gsiberger-Häuslebauer näher gekommen bin, als mir je lieb war ...

Und heute sogar stolz darauf bin, so zu denken, zu handeln und zu sein!